Domine a arte da conversação
25 técnicas comprovadas para cativar e conectar-se com qualquer pessoa

Imprimir

Título do livro: Domine a Arte da Conversação
Legenda do livro: 25 técnicas comprovadas para cativar e conectar-se com qualquer pessoa
Autora: Natasha Tillett Slayton

Autora: Natasha Tillett Slayton
Contato: wakdeamay@gmail.com

Domine a arte da conversação

25 técnicas comprovadas para cativar e conectar-se com qualquer pessoa

Escrito por
Natasha Tillett Slayton

Índia
2024

CONTEÚDO

Como fazerver uma interação desagradável

Todo mundo quer parecer mais carismático. Todo mundo quer ser querido e charmoso. Você já pensou no que essas palavras significam? O que torna uma pessoa tão magnética e atraente enquanto outra é chata ou irritante? Você pode ter respostas diferentes no final deste guia do que quando começou.

Examinaremos os princípios subjacentes a melhores conversas, consciência social e empatia inteligente, para ajudá-lo a ter interações mais envolventes e mais conectadas, seja com amigos, colegas ou parceiros românticos.

O maior obstáculo para se tornar uma pessoa carismática e fascinante é a falta de compreensão do que é charme. Você não precisa ser um bom conversador ou introvertido.

Vamos começar.

Reflita-me

Você já observou como uma mãe se comunica com seu bebê? Eles se encaram atentamente e a mãe amplifica qualquer ruído ou expressão que o bebê faça.

Até - o bebê observa, extasiado. Você está testemunhando uma forma primitiva e antiga que nossa espécie usa desde o seu início.

A conversa é muitas vezes vista como algo que acontece verbalmente, mas a verdadeira conexão social começa muito antes de qualquer palavra ser dita. É aqui que entra o espelhamento. Os humanos, como animais sociais, desenvolveram a capacidade de observar e se adaptar em situações sociais. Isso nos faz sentir mais ouvidos, compreendidos e parte do grupo.

Espelhamento é quando imitamos a comunicação verbal ou não verbal de outra pessoa. Pode ser tão simples quanto imitar a linguagem corporal ou postura da pessoa, ou usar palavras, inflexões ou volumes de fala semelhantes. Ou pode até adotar reações faciais semelhantes para combinar com as deles. Fazemos isso tão naturalmente que não precisamos que nos digam o que estamos fazendo. O que geralmente tentamos dizer é: eu entendo você. Eu entendo. Eu entendo.

Espelhar não é um truque. É a base de uma boa comunicação e empatia. Imagine como é quando as pessoas não refletem. Você pode se sentir vulnerável e chateado. A pessoa com quem você está falando responde levianamente. Sua voz é mais alta, seu tom é mais relaxado e sua linguagem corporal é mais enérgica. Você não pensaria que eles estavam prestando atenção, não é?

Imagine que você está compartilhando uma boa notícia com alguém e essa pessoa não demonstra o mesmo entusiasmo por meio da voz, expressão facial ou palavras. Você pode saber que eles não estão tão entusiasmados quanto você, mas a recusa deles em refletir sua excitação é um sinal de desrespeito.

O espelhamento é uma ótima maneira de comunicar confiança, respeito e conexão. Não é necessário utilizá-lo, mas facilita muito a comunicação. Há até comprovação científica para isso. Num estudo de 2008 publicado no Journal of Experimental Social Psychology, 62 estudantes foram convidados a negociar. Os alunos que utilizaram o espelhamento conseguiram chegar à resolução 67% das vezes, enquanto os que não fizeram o espelhamento só alcançaram a solução 12,5% das vezes.

Curhan et al. publicou um artigo semelhante em 2007. No Journal of Applied Psychology, descobriu-se que o espelhamento em geral previa melhores negociações – com estes efeitos já aparentes nos primeiros cinco minutos de conversa. Não é difícil perceber porquê: O que poderia ser mais benéfico para uma negociação do que a forte comunicação de empatia e semelhança entre as duas partes.

O espelhamento é uma forma de aprimorar o que você já está fazendo naturalmente. Deve ser natural. Aqui estão alguns exemplos.

Um cliente liga para reclamar. Embora você ache que a reclamação é trivial, eles estão claramente chateados. Você escolhe falar como eles falam. Você abandona seu discurso e fala mais sério. Você fala mais devagar porque eles estão falando devagar. Você mostra à pessoa o que você quer dizer em vez de dizer "Eu entendo de onde você vem".

Lembrando o que eles estão comunicando. Este é um espelhamento verbal.

Você está em um encontro e quer que a outra pessoa saiba que você gosta dela. Você percebe que às vezes eles passam a mão em seu braço ou ombro quando você está caminhando. Você faz o mesmo alguns minutos depois. O sinal não-verbal é claro! Você se inclina sobre a mesa quando está conversando e eles fazem o mesmo. Você sorri e ri também. Vocês estão se tornando um ao outro inconscientemente

À medida que envelhecemos, tornamo-nos mais conscientes do "acoplamento dinâmico" e do alinhamento. Esta sincronicidade não-verbal é a precursora de

Mais tarde, você experimentará sincronicidade e fenômenos psíquicos.

Você está no terapeuta do gelo e está expressando alguns sentimentos desconfortáveis. O terapeuta não imita exatamente suas palavras ou postura física, mas diz: "Entendo como isso é difícil para você" e muda seu comportamento de acordo. Se ele não estivesse

Se você estivesse sorrindo de orelha a orelha ou parecendo entediado, isso faria você se sentir despercebido e desrespeitado. Espelhamento Emocional é

Parece que estamos segurando um espelho metaforicamente para a condição emocional de alguém, como se dissesse: "Vejo como você se sente". Mas às vezes é apenas uma questão de ouvir ativamente, sem interromper, e depois parafrasear o que ouvimos.

O espelhamento é uma ótima maneira de fazer as pessoas se sentirem vistas e ouvidas de uma forma que talvez nem percebam, mas ainda assim fará com que se sintam calorosas e abertas para você. Muitas pessoas pensam que ter uma ótima conversa significa ser engraçado ou inteligente. O que realmente conecta as pessoas a você, porém, é a sincronicidade. Você está na mesma sintonia que eles? Você entende? É mais uma conexão emocional do que verbal ou cognitiva.

O espelhamento pode dar errado. Não exagere nem torne as coisas estranhas sendo óbvio. Se as pessoas souberem que você está "copiando", os resultados podem ser desastrosos. Você nunca deve espelhar alguém quando não estiver envolvido. Parecerá manipulador. Também pode ser uma boa ideia evitar imitar a linguagem corporal ou a fala durante o conflito. É óbvio que você não quer que alguém copie seu revirar de olhos, levantar sua voz, xingar ou fazer cara feia! Faça o que puder para mostrar que entende os sentimentos deles, sem ficar com raiva, chateado ou rude.

O espelhamento funciona melhor quando feito individualmente. Quando você está em grupo, é melhor avaliar o humor e ajustar suas expressões verbais e não-verbais para corresponder a isso. Se todos têm pouca energia e são casuais, não fale alto nem fique animado. Não se deixe distrair pela conversa. Você pode perceber que alguém é espelhado em você - ou que a outra pessoa não responde bem quando você a espelha.

Você pode optar por espelhar-se verbalmente, não-verbalmente ou emocionalmente (ou até mesmo todos os três!) Comece aos poucos e mova-se lentamente. Conecte-se lenta e firmemente.

sinceramente. Observe os efeitos que você está tendo e faça os ajustes necessários. Você pode descobrir que, ao imitar a postura de alguém, essa pessoa muda instantaneamente para outra. Nesta situação, diminua o volume!

É importante ter em mente que espelhar não é algo que você faz com alguém. Não é algo que você faz a alguém.

Você faz junto com alguém. O espelhamento ajuda você a manter sua atenção na outra pessoa.

Use a regra de três

William James, amplamente considerado um dos fundadores da psicologia, afirmou que "o desejo mais profundo de todo ser humano é ser apreciado". As conversas muitas vezes dão errado porque estamos muito ocupados com nossas próprias vidas para notar ou apreciar os outros!

Karl Albrecht, coach de gestão, desenvolveu uma fórmula para ajudá-lo a superar essa tendência e a ter conversas mais autênticas. Ele acredita que todas as conversas são compostas por três elementos:

Declarativos são fatos ou opiniões apresentados como fatos.

Pergunta

Qualificadores ou "amaciantes".

Esta regra afirma que você nunca deve usar três declarativas sem um qualificador ou uma pergunta. Isso nos permite falar com as pessoas, e não com ou. Esteja sempre ciente de que a maioria das conversas não é verbal. Eles não apenas ouvirão o que você diz, mas também o quanto os respeitam e valorizam. posso dizer a coisa certa, mas se a conversa não for boa, será um fracasso!

Veja mais de perto. As declarações são declarações factuais. Eles são mais realistas quando as pessoas agem como se algo fosse verdade. Você deve ter notado que certas pessoas parecem estar dando uma palestra ou de pé em um palanque. Se todo o seu repertório de conversação for declaração, é isso que você obterá. O problema com

As opiniões são muitas vezes expressas com maior certeza do que o necessário. Por exemplo, "A Grã-Bretanha nunca teve uma revolução como a França" ou "Você seria um idiota se comesse glúten hoje". Você pode entediar, irritar ou desrespeitar o seu público, que na verdade não é um "público".

Você não precisa abandonar todas as suas paixões, opiniões e perspectivas - você apenas precisa mantê-las equilibradas. Você pode fazer isso fazendo perguntas ponderadas. É uma ótima maneira de mostrar interesse por outra pessoa, comunicar respeito e ser aberto. Isso mostra que a conversa é mais do que apenas uma oportunidade para você se expressar – é colaborativa. "Sou francófilo - você morou lá por muito tempo?"

Se você estiver prestes a declarar algo pela terceira vez ou mais, pare e faça uma pergunta a si mesmo. Pergunte, em vez de dizer "o debate sobre a eleição presidencial foi uma bagunça", "o que você acha disso?"

Você também pode usar alguns condicionadores ou amaciantes. É como dizer o que você pensa ou declarar algo sem bater na cara das pessoas com isso. A maioria de nós precisa aprender como fazer isso. Isso é mais do que apenas boas maneiras. Mostra que você respeita as opiniões dos outros, mesmo que discorde delas. Como um exemplo:

Usar frases como "parece" ou "posso estar errado, mas

Isso mostra respeito pelas outras pessoas, mesmo que elas discordem de você. Isso envia uma mensagem de que você valoriza os sentimentos dos outros e seu relacionamento com eles, acima da sua própria necessidade de ser visto ou ouvido de uma maneira específica.

Esta regra de três pode ser usada facilmente. Você pode começar observando as proporções desses três elementos em suas conversas diárias.

Observe como as outras pessoas falam. Você também deve prestar atenção em como você fala. Observe o quanto da conversa que você gostou foi declarativa.

Você pode ficar tentado a elaborar suas opiniões, especialmente se for algo pelo qual você é apaixonado ou um assunto sobre o qual conhece muito. Lembre-se apenas de que o objetivo de uma discussão não é expor sua opinião. Se você ouvir os dois lados da história, você parecerá mais simpático, charmoso e simpático. Você pode não acreditar, mas esta regra tornará as conversas mais agradáveis para você.

Ao fazer uma pergunta qualificadora ou usar um qualificador, você imediatamente fará com que os outros se sintam vistos e apreciados. Isso fará com que você pareça mais carismático e atraente. Muitas vezes as pessoas tentam ser charmosas, mas acabam dominando a conversa tentando parecer de uma determinada maneira. As pessoas são atraídas por pessoas que fazem os outros se sentirem bem. É simples assim!

Lembre-se de que uma conversa não é um simples exercício de apuração de fatos ou uma competição para determinar quem é o mais inteligente. É tudo uma questão de conexão. Faça uma pergunta na próxima vez que sentir que uma conversa não leva a lugar nenhum. Você pode descobrir que suas melhores e mais interessantes conversas são aquelas em que você faz poucas declarações.

Evitando conversa fiada com o método "ARE"

Você "odeia conversa fiada" como muitas pessoas? É possível que você não seja avesso a conversa fiada, mas simplesmente não entende como funciona. É verdade que iniciar uma conversa pode ser estranho e até cansativo. Mas, a verdade é que não precisa ser assim. O método ARE eliminará o trabalho da conversa fiada e ajudará você a chegar ao que é interessante, ou seja, a grande conversa! Mais adiante no livro veremos que conversa fiada nem sempre é necessária...)

O método ARE foi criado pela Dra. Carol Fleming e é um acrônimo que facilita a lembrança de três etapas simples:

A = Âncora

Comece com algo que ligue você à pessoa. Procure algo que você tenha em comum com a pessoa, não importa a distância que ela esteja. Você não precisa ser inteligente ou mesmo engraçado. Só precisa ser natural. Você parecerá nervoso e pouco natural se achar que precisa usar uma "cantada" inteligente ou algo semelhante.

Você pode usar essa frase de várias maneiras.

R = Revelar

Depois de estabelecer um relacionamento, é hora de revelar algo sobre você relacionado à âncora. Você poderia dizer "Sempre adorei tiramisu e posso agradecer à minha avó italiana por isso!" Ou "Eu não sou daqui, então acho que ainda não gosto do frio..."

E = Encorajar

Você pode pedir à pessoa que conte um pouco sobre ela. E você? qual e sua sobremesa favorita?

Isso é tudo. A partir desse ponto, a outra pessoa terá uma abertura boa o suficiente para dizer algo e dar início às coisas. É importante notar que a técnica ARE não precisa ser seguida à risca. Você pode optar por começar com uma âncora e fazer uma pausa para esperar uma resposta, depois revelar sua ideia, fazer uma pausa novamente e encorajar, em vez de fazer um discurso de uma só vez.).

Você ainda pode estar confuso sobre o que é. Existe uma sigla que pode te ajudar nisso também! Esta sigla é chamada de FORM

F = família

É sempre um tema seguro. Quantos irmãos eles têm? Crianças? Crianças?

O = Ocupação

Você não precisa perguntar "o que você faz?")", mas sim perguntas mais específicas como "Qual é a sua parte favorita do seu trabalho?" ou "Que fascinante! Você sempre quis ser um hipnoterapeuta canino?

R = Recreação

Você pode perguntar sobre seus hobbies, filmes, livros, viagens ou apenas o que eles fazem em seu tempo livre. Você pode perguntar sobre suas preferências e gostos.

M = Motivação

Além disso, quais são seus objetivos, planos e visões? Esta é uma questão sobre o que é importante para eles e o que os motiva.

Claro, você pode combinar todos os itens acima. Você poderia, por exemplo, dizer "Uau! Quatro irmãos!" Eu também venho de uma família numerosa. Você pode combinar Família com Motivação perguntando: "Você acha que terá muitos filhos quando for mais velho?" Você também pode dizer: "Nunca conheci um professor de poesia antes. Você gosta de ler poesia no seu tempo livre?" Esta é uma combinação de Ocupação com Recreação.

Você deve estar ciente de que pode acontecer algum constrangimento, mas não deve se preocupar com isso. A maioria das pessoas responderá positivamente se você sorrir e estiver curioso. Dizer seu nome várias vezes ajudará as pessoas a se lembrarem dele.

Você também pode se lembrar de um detalhe específico do que eles lhe contaram na próxima vez que os vir. "Oh, olá de novo! "Como foi a formatura da sua filha?"

Mesmo que você esteja fazendo tudo certo, a conversa fiada pode não funcionar e você vai querer um retiro. Isso está ok! Esta é uma ótima maneira de sair da rotina de conversação. Você pode inventar uma desculpa, mas não se esqueça de usar a palavra "necessidade". Por exemplo: "Bom, foi ótimo conversar com você, mas preciso ir ver como estão meus filhos, porque você sabe como eles podem ser!" Ou "Oh, por favor, com licença. Preciso cumprimentar um amigo que não vejo há muito tempo." Se quiser, você também pode suavizar a saída dizendo algo legal que reitere o que você falou. Foi ótimo conhecê-lo! Boa sorte amanhã!

Use a regra do 1 minuto para evitar respostas longas

Esta é uma verdade incômoda, mas se você puder aceitá-la, você se tornará um comunicador melhor da noite para o dia. Outras pessoas não estão tão interessadas quanto você acredita em ouvir você falar sobre si mesmo. É triste mas é verdade! Você nunca duvidará disso se considerar o quanto fica entediado quando as pessoas falam sem parar sobre si mesmas.

Marty Nemko diz que tem uma "regra de semáforo" que o ajudará a melhorar sua conversa, especialmente se ela for desconexa. Quais são os sinais de que você é um "rambler"? Se você sente que as pessoas o ignoram, isso é um sinal de alerta. Sua história é provavelmente interessante e relevante. Você está demorando muito para contar.

Regra tácita: suponha que você tenha um minuto para explicar seu ponto de vista. Então deixe a conversa continuar. Você pode presumir que a luz ficará verde durante os primeiros 30 segundos e que você está transmitindo sua mensagem.

Atenção do ouvinte. A luz ficará amarela em 30 segundos e a atenção do ouvinte poderá começar a diminuir. Após 1 minuto a luz fica vermelha, indicando que eles não estão mais ouvindo.

Podemos facilmente esquecer o momento em que contamos uma história porque é mais agradável contá-la do que ouvi-la. Considere que os quadrinhos stand-up podem passar meses trabalhando em "cinco apertados" - ou seja, um set é um discurso de cinco minutos. Mesmo profissionais que se esforçam muito às vezes não conseguem prender a atenção do público por mais de 5 minutos.

Você não precisa ficar constrangido ao verificar o relógio enquanto fala. Pode ser útil praticar um pouco sozinho usando um cronômetro para ter uma ideia da duração de um minuto. Você também pode ouvir seu público. Continue se eles estiverem ouvindo ou rindo em êxtase e implorando para que você continue. Você deve parar se eles começarem a ficar inquietos ou parecerem entediados. Se começarem a mostrar sinais de cansaço, pare. Você apenas ganhará a reputação de um chato implacável.

Você também não precisa tolerar divagações dos outros. Nem sempre queremos passar o testemunho da conversa porque temos medo de não conseguir falar mais nada. Lembre-se de que uma conversa não envolve um cabo de guerra, mas uma partida amistosa de tênis.

Você não está jogando se mantiver a bola na mão o tempo todo. Você sempre pode falar mais tarde, se quiser. Não desanime se você é tagarela e sente que tem muitas informações interessantes para oferecer. Se você for envolvente, as pessoas ouvirão mais você. Se você suspeita que outras pessoas acham seu discurso confuso e chato, aqui estão algumas dicas:

Mantenha as pessoas querendo mais. Não compartilhe tudo de uma vez. Se você está curioso, deixe que outros perguntem. Algumas pessoas vão ouvi-lo mais quando você fala.

Deixe algumas coisas não ditas. Você pode dizer "Bem, lembre-se de mim um dia e eu lhe contarei sobre isso", e a pessoa não o pressionará a continuar.

Se você não elaborar, pode encerrar a história sem medo e continuar.

Desacelerar. Embora possa parecer contra-intuitivo, não se apresse em expor seu ponto de vista. Concentre-se na apresentação do seu discurso e module a sua voz para torná-lo interessante.

Antes de falar, pare e pense. Não é necessário preparar um discurso com antecedência, mas você não deve abrir a boca e começar a falar para depois decidir o que dizer. É uma boa ideia adquirir o hábito de ficar em silêncio em vez de usar palavras como "hum".

Imagine que você está conversando com alguém e a conversa é um balão flutuando no ar. Cada vez que você balança o balão com a mão, ele flutua mais alto, mas imediatamente começa a afundar. As boas conversas são animadas e todos se revezam para quicar o balão. Nunca cai muito baixo. Conversas ruins são aquelas em que o balão é segurado por alguém, o balão cai no chão ou a pessoa quica o balão sozinha, sem deixar ninguém ter chance. Ninguém vai se interessar em ficar parado observando, não é?

Resumo:

A maioria das pessoas não é charmosa quando fala porque não entende o que é charme. Qualquer pessoa pode desenvolver o seu carisma com algumas habilidades específicas.

O espelhamento é uma ótima maneira de mostrar que você está conectado e entende a outra pessoa. O espelhamento, seja verbal, não verbal ou emocional, pode ajudá-lo a construir um relacionamento com a outra pessoa.

A regra de três de Albrecht pode ajudá-lo a ter discussões mais equilibradas, ou seja, ouvir é a chave para ter uma conversa equilibrada. Você pode usar Declarativos (fatos, opiniões ou perguntas declaradas como fatos), Perguntas ou Qualiiers ("suavizantes") em seu discurso. É melhor evitar usar mais de três afirmações em uma única frase. Em vez disso, faça uma pergunta para equilibrar as coisas.

O método ARE também pode ajudá-lo a dominar a conversa fiada. Significa "Ancorar, Revelar e Incentivar". O primeiro passo é identificar uma experiência que você tem em comum com a outra pessoa. A seguir, revele algo sobre sua própria vida conectado a esta âncora. Por fim, incentive-os a compartilhar suas experiências.

Ao decidir sobre tópicos de conversa fiada, use a sigla FORM. Significa Família, Ocupação (ocupação), Recreação (hobbies, interesses) e Motivação.

Lembre-se da regra do semáforo de um minuto para evitar respostas longas e demoradas. Você pode falar livremente durante os primeiros 30 segundos. Os próximos 30 segundos são luzes laranja, portanto, esteja atento à diminuição da atenção. Depois de um minuto, você provavelmente perderá o interesse do público. Mantenha breve.

Conexão social e suspensão do ego

Voltaremos ao tema da conexão repetidas vezes neste livro. Tudo se resume a como vemos o propósito da conversa. Comportamo-nos de maneira diferente quando vemos a conversa como uma oportunidade de conexão, diversão e apreciação, bem como de troca emocional autêntica.

Robin Dreeke, instrutora comportamental e interpessoal do Centro de Treinamento de Contra-Inteligência do FBI, entende a importância de suspender o ego durante conversas eficazes. É simples, mas não é fácil suspender o ego. Você tem que colocar as necessidades e desejos dos outros antes dos seus.

Os agentes do FBI entendem que não é sua função estar corretos quando obtêm informações. É sempre seu trabalho obter informações. Não somos oficiais do FBI, mas ainda queremos ter conversas melhores. É preciso coragem para entrar temporariamente na visão de mundo de outra pessoa, porque todos queremos nos sentir no controle e certos. Ironicamente, a suspensão do ego pode realmente ser benéfica.

Esta é uma maneira rápida de obter mais controle sobre uma conversa e ser ouvido.

Dreeke diz: "Na maioria das vezes, quando duas pessoas conversam, cada uma espera pacientemente que a outra termine de contar sua história". A outra pessoa então conta sua própria história. Geralmente trata-se de um assunto semelhante e, em muitos casos, para tentar ter uma história melhor e mais interessante. As pessoas que praticam uma boa suspensão do ego encorajarão os outros a contar as suas histórias, ignorando o seu próprio desejo de contar o que acreditam ser uma grande história.

Quando foi a última vez que você fez isso? Todos gostamos de acreditar que somos atenciosos e empáticos, mas será que somos mesmo?

À medida que você percebe que está entrando no "modo declaração", observe o momento em que começa a contar uma anedota. Então, opte por deixar isso passar deliberadamente. Mergulhe um pouco na história de outra pessoa. Você não precisa adotar ou concordar com a história. Você apenas tem que entretê-lo. Apenas ouça.

Quando feitas corretamente, as pessoas descobrem que as conversas com outras pessoas não são apenas interessantes, mas também valiosas – mesmo quando não se trata delas. Você pode ter um desejo "compulsivo de informação" - o desejo de contar uma história que esteja vagamente relacionada ao que acabou de ser dito. Tente compreender a perspectiva da outra pessoa em vez de adicionar a sua própria.

Imagine que você é um repórter que está recebendo a história completa (ou um agente do FBI!). Imagine que você possa aprender algo novo com a pessoa com quem está conversando, ou que a perspectiva dela sobre um assunto seja mais sutil e interessante que a sua - mas apenas se você suspender seu ego por um momento.

Você ainda pode suspender o seu ego, mesmo que no início seja doloroso.

Diga "sim e" em vez de "sim, mas" (veremos essa técnica útil mais adiante neste texto). É uma virada de jogo. Evite corrigir pequenos detalhes ou acrescentar um fato inútil para provar que você tem conhecimento. Se você discordar, faça disso um fato adicional, e não um fato contraditório: "Sim, concordo, não devemos nos preocupar com gastos excessivos." Penso que podemos confortavelmente aumentar o orçamento em 10%, a fim de cobrir eventuais défices.

Mesmo que você queira mostrar solidariedade, resista ao impulso de vincular a história deles à sua. Quando alguém disser "Bem, minha família é originária da Malásia", não conte sobre suas férias na Malásia. Convide-os a elaborar. Você pode encorajar o ego de alguém dizendo: "Uau! Então você cresceu lá quando era criança?"

Experimente a validação sem julgamento. Não é importante se você concorda ou discorda. Você pode simplesmente comunicar seu interesse pela pessoa com quem está conversando e como você respeita e reconhece seu ponto de vista.

É importante ouvir com atenção e não apenas no sentido de "bem, você tem o seu direito, suponho"! Dê toda a sua atenção à conversa, responda com sinceridade e ouça verdadeiramente o que está sendo dito. Apenas absorva o que alguém diz sem julgar, interpretar ou reagir. Imagine que você está na presença da pessoa mais interessante e importante do mundo. Isso mudará suas conversas mais do que você pode imaginar.

Compreendendo os três níveis de relacionamento

O que você vê quando se imagina em uma conversa e sente que é totalmente charmoso e parece carismático? Você pode pensar em alguém confiante, ousado e impecável... ou até um pouco arrogante. Você provavelmente não pensa em vulnerabilidade quando pensa em charme e carisma.

Isto é para você, se você é uma daquelas pessoas que consegue bater papo e é amigável o suficiente, mas parece nunca ir além das sutilezas para conexões pessoais mais profundas. A maioria das pessoas pensa que ser socialmente adepto tem tudo a ver com invulnerabilidade. Eles acreditam que precisam ser tranquilos, calmos e confiantes. É o contrário!

Conexão e vulnerabilidade estão intimamente relacionadas. Você pode pensar no rapport como um diploma. Você pode conhecer alguém em etapas. Primeiro você aprende um pouco sobre eles e depois aumenta sua intimidade. Como você pode preencher essa lacuna? Você pode fazer isso aumentando gradualmente o número de momentos em que você se revela (ou seja, compartilhando vulnerabilidade).

Estágio 1: Divulgação leve

Você precisa ser vulnerável para inspirar confiança e fazer as pessoas gostarem de você. Você não mergulha imediatamente - comece com uma divulgação leve e vá aumentando.

Imagine que você é um amigo relativamente novo e deseja compartilhar um segredo ou uma história embaraçosa do seu passado. Você poderia confessar uma falha menor ou uma falha inofensiva.

inesperado. Realmente não importa qual seja a história. É importante conhecer a intenção por trás da história: a outra pessoa entenderá a mensagem. Aqui estou me abrindo para você, eu confio em você... Este é um sinal universal de que você gostaria de avançar suavemente em sua conexão.

Tente ser um pouco mais aberto com seus novos amigos e conhecidos. Selecione algo identificável e divertido.

Você acha que é ruim?" "Ah, você acha que isso é ruim?" Meu apelido era Tubarão..."

Stag2: divulgação média

Você pode levar as coisas para o próximo nível se (e somente quando) for bem recebido ou se outra pessoa responder revelando suas próprias experiências. Isso pode ser feito compartilhando ideias, opiniões e crenças que são importantes para você ou compartilhando experiências particulares. A divulgação média é mais séria, pois você mostra quem você é de verdade. A divulgação leve pode ser lúdica e divertida. Se você fizer isso, mostrará que confia na outra pessoa e está disposto a se conectar, apesar da possibilidade de ser julgado.

"Minha fé sempre foi muito importante para minha vida. Poucas pessoas estão cientes disso."

Estágio 3: Divulgação Pesada

É poderoso se abrir e compartilhar seus medos, fraquezas, cicatrizes e vulnerabilidades. Isso o ajudará a construir relacionamento, confiança e sentimentos calorosos. É um sinal de boa vontade e fé baixar a guarda na presença de alguém. Isso muitas vezes os inspira a fazer o mesmo. Você reserva este nível apenas para aqueles com quem deseja ter uma conexão mais íntima e que a conquistaram.

Para ser totalmente honesto, depois do meu divórcio senti que não queria continuar. Levei muito tempo para sair daquele buraco escuro."

Aqui está o que você deve saber sobre os diferentes níveis de divulgação. Você precisa ser cuidadoso. Comece devagar e aumente gradualmente o nível de divulgação. Você não pode começar com coisas grandes e depois aumentar.

A divulgação torna as pessoas especiais. Cria um vínculo e amizade entre você e eles, bem como um clube privado. Você não deve contar tudo a todos!

Divulgar é como sal: muito ou pouco e você estraga o prato. O ser humano é construído para ter conexão emocional, empatia e amizade. Isso não significa necessariamente que sabemos o que é! Você pode ficar vulnerável e exposto se não conseguir ir além do nível de "conhecido".

Nenhuma conexão profunda pode ser feita sem vulnerabilidade e risco. As pessoas podem te machucar quando sabem a verdade sobre quem você é, mas isso faz parte da intimidade. Vale a pena. Como fazer com que suas divulgações funcionem para você

Dê uma olhada nos relacionamentos e amizades atuais que você tem e determine onde você está. Escolha algumas pessoas de quem você gostaria de se aproximar e depois escolha um momento para revelar a elas seu verdadeiro eu.

Observe a reação deles. Parabéns se eles responderem ou retribuirem calorosamente! Parabéns! Você acabou de melhorar seu relacionamento. Não entre em pânico se eles não o fizerem. Você sempre pode recuar. Não revele novamente até que eles indiquem que desejam ir. Você pode arriscar calculadamente, mas não se preocupe se errar o alvo ou encontrar alguém que esteja com um pouco de frio.

Há algumas coisas a serem observadas. Evite jogar materiais perturbadores ou inapropriados no colo de um amigo, especialmente se você não espera isso. Você ainda deve usar o bom senso e a discrição ao revelar seus problemas mais particulares. Quanto mais frequentes forem as divulgações, maior será a vulnerabilidade. Muitas pessoas usam seu trauma para ganhar moeda social. Na realidade, partilhar informações específicas com determinados indivíduos com um determinado propósito produzirá melhores resultados. Publicar os detalhes terríveis nas redes sociais três vezes por semana não constitui vulnerabilidade!

Construa histórias de conexão

Depois de dominar o smalltalk (e é mais fácil do que você pensa dominar! O que acontece a seguir?

Você pode quebrar o gelo, mas para manter as pessoas interessadas em você e fazê-las querer estar perto de você, você precisa estabelecer um relacionamento genuíno. Contar "histórias de conexão" é uma ótima maneira de conseguir isso. São histórias simples que mostram às pessoas quem você é, de uma forma com a qual elas possam se identificar.

A socialização humana não consiste apenas em apoiar os membros do grupo e garantir a sua sobrevivência, mas também em decidir quais pessoas são ou membros do grupo. Na melhor das hipóteses, os estranhos são desconhecidos. Alguém precisa estar familiarizado com sua personalidade, motivações e perspectiva para não ser um estranho. Queremos saber Essa pessoa é parecida comigo? Quando a resposta for "sim", então um relacionamento pode ser formado. Isso é o que são as histórias de conexão: elas dizem aos outros que sou como você em muitos aspectos.

Essa tática é usada no local de trabalho e em estratégias de branding ou publicidade corporativa. As histórias são uma grande parte de como nos comunicamos. Os humanos foram feitos para contar histórias. Quando alguém começa um discurso dizendo "Lembro-me da primeira vez que entrei no escritório de Jim..." ou "Gostaria de lhe contar o momento exato em que soube que iria me casar com essa mulher", eles estão dizendo você Este é quem eu sou e sou semelhante a você em muitos aspectos.

Sua linguagem corporal, aparência, fala, comportamento e muito mais ajudarão as pessoas a adivinhar, consciente ou inconscientemente, como você funciona. Contar uma história de conexão pode ajudá-lo a mudar rapidamente a percepção deles sobre quem você é. Esta história captura meus valores e princípios."

Howard Gardner, psicólogo da Universidade de Harvard, diz que "Histórias sobre identidade" são narrativas que ajudam as pessoas a pensar e a sentir sobre quem são, suas origens e para onde estão indo.

"A arma mais poderosa no arsenal literário do líder são as palavras do escritor."

Robert Cialdini, o famoso psicólogo de influência, demonstrou que tendemos a ficar mais motivados para agir quando vemos pessoas que são semelhantes a nós. Numa experiência, Robert Cialdini escreveu cartas em vários idiomas e colocou-as perto de caixas de correio para fazer parecer que foram deixadas cair por engano. Quando uma carta em espanhol é descartada em uma área com maioria de falantes de espanhol, é mais provável que a carta seja recolhida por alguém e enviada. É claro que as pessoas são mais gentis com outras pessoas que partilham a sua formação cultural. Você precisa usar a linguagem correta ao escrever sua carta metafórica se quiser promover intencionalmente esse senso de relacionamento.

Como você conta uma história de conexão interessante? Vamos começar com uma história ruim:

Liste fatos racionais sobre você, o que parece um currículo. (Mesmo em contexto profissional, é importante mostrar o seu lado humano!)

Você divaga. Você nunca será capaz de transmitir todo o seu caráter em uma conversa. As pessoas são complexas. Às vezes, porém, a concisão é a melhor política. Se você pensar bem, poderá inventar uma história muito curta que pode substituir uma longa anedota. ("Minha mãe me disse que minhas primeiras palavras foram e não. Isso diz tudo o que você precisa sobre mim!"

Você não está sendo sincero. Ninguém gosta de ser vendido em algo ou sentir que está sendo manipulado. Uma história de conexão funciona melhor quando mostra, em vez de contar. Se você sentir que criou um "auto-anúncio", as pessoas perderão o interesse.

O que você diria? Pense nos seus valores fundamentais antes de se encontrar em uma situação em que precise se apresentar. Não precisa ser um exercício aprofundado. Concentre-se nas coisas que são mais importantes para você. Esta pode ser sua família, fé, imparcialidade, justiça ou qualquer outra coisa.

Imagine um momento da sua vida em que você percebeu o quão importante esse valor era para você. Imagine este momento ou realização e como isso moldou sua visão de mundo atual. Imagine que você estava em uma viagem de negócios quando sua filha adoeceu repentinamente. Então, enquanto viajava de volta para casa, você percebeu que ela poderia morrer em dois dias. Você percebeu que nunca seria capaz de substituir sua filha, não importa quanto dinheiro tivesse. Ao chegar em casa, você repensou todo o seu estilo de vida e agora trabalha do seu jeito.

Você pode transmitir muito ao seu público em apenas algumas linhas: você é uma pessoa trabalhadora, tem um filho, valoriza a família, é um agente de mudança capaz, não tem medo de correr riscos, você ' Você está aberto a tentar algo novo, não é materialista, considera seus princípios cuidadosamente e é corajoso o suficiente para contar uma história vulnerável.

Annette Simmons, autora de Quem conta a melhor história, ganha, diz: "As pessoas não ouvirão você a menos que saibam quem e o que você é". Diga a eles. Para garantir que você está contando uma história que criará relacionamento com seu público, ela deve ser uma história cuidadosa e genuína sobre algo significativo.

Não tenha vergonha de se apresentar, seja conhecendo novas pessoas, novos colegas de trabalho ou um amigo que acabou de conhecer. Não se preocupe se você parecer presunçoso ou inapropriado. É quase edificante ouvir as pessoas compartilharem suas verdadeiras crenças.

Inspira respeito e confiança em todos. Isso incentiva outros a fazerem o mesmo. É assim que as conexões crescem!

Seja carismático e pendure uma etiqueta

Rotular uma conversa é uma boa maneira de mostrar que você está prestando atenção, de lembrar o que foi dito e de comunicar a mensagem. A rotulagem é semelhante ao espelhamento. Essencialmente, refletimos alguns aspectos da experiência de outra pessoa, criando sentimentos como empatia e compreensão. Como um exemplo:

"Estou completamente chocado com toda esta situação..."

Este é um caso simples de espelhamento. Você usou exatamente a mesma palavra que eles. Veja como é feita a rotulagem:

"Estou completamente atordoado com toda a situação..."" "Parece que te peguei de surpresa."

É mais provável que você rotule a experiência de outra pessoa. Você pode ouvi-los dizer que estão chocados, mas também fazer suas próprias inferências e oferecer sua avaliação. Isso quase os ajuda a encontrar palavras para se expressarem melhor. Você pode aumentar o sentimento de compreensão entre vocês fazendo com que a outra pessoa diga "exatamente!" em resposta.

As pessoas se comunicam para serem compreendidas. Existem diferentes níveis de compreensão. Você pode criar uma conexão rapidamente quando for capaz de ler as emoções da outra pessoa e mostrar que entende suas palavras.

"Estou completamente chocado com tudo isso..."

Parece que você esperava que as coisas fossem diferentes.

Se a conjectura estiver correta, a pessoa que está sendo validada se sentirá mais compreendida. É fácil adivinhar que as coisas nem sempre funcionam como planejado quando se trata de rotulagem.

Quando falha, geralmente é porque presumimos, em vez de descrever com precisão, como a outra pessoa está se sentindo.

"Estou completamente chocado com tudo isso..."

Parece que você está desapontado consigo mesmo porque isso aconteceu.

Uh o quê? Você pode criar sentimentos de desconfiança ou alienação se rotular incorretamente as emoções de alguém. Você não está tentando diagnosticar, interpretar ou julgar. Apenas parafraseando. Os melhores rótulos são, na verdade, muito básicos.

Encontre um sinônimo que seja óbvio para o que a pessoa acabou de dizer.

"Cara, estou cansado."

"Ah, parece que você está se sentindo muito exausto."

Logicamente, não é uma informação nova que você está apresentando, mas você fará com que a outra pessoa sinta como se você tivesse assimilado suas palavras, processado, entendido e depois passado para ela. Isso é de muito valor!

Tentar:

Você parece estar... Parece que...

Você saberá instantaneamente que está interpretando o que ouviu, em vez de simplesmente refletir. Não use frases como "Eu me pergunto se...", "Eu acredito em você..." ou "Na minha opinião..."

A rotulagem pode ser usada para neutralizar conflitos e trazer clareza e resolução a uma conversa estranha. Imagine que você está conversando com um cliente irritado que tem uma lista de motivos pelos quais está chateado com sua empresa. Você poderia dizer: "Parece que você está realmente insatisfeito com isso". O cliente pode não ter usado a palavra insatisfeito, mas se sentirá validado pelo seu resumo preciso.

Se você deseja melhorar suas habilidades de comunicação, é uma boa ideia focar nas emoções positivas e não rotular as mais negativas ou inúteis. Este é um bom exemplo.

Você pode incentivar o cliente a ir além de uma reclamação e chegar a uma reparação, concentrando-se em possíveis soluções. Isso se deve em grande parte à intuição, mas é preciso escuta ativa e consciência para entender o que está por trás de uma conversa. Do que essa pessoa reclama? Eles querem resolver o problema.

Os rótulos são usados para ajudar a esclarecer, sinalizar empatia, construir relacionamento, estabelecer confiança e mostrar compreensão. Esta é uma maneira inteligente de usar rótulos em ambientes profissionais, como no trabalho. tentará entender que emoção está por trás dos dados que estão sendo fornecidos a você. pode ajudá-lo a evitar muitos mal-entendidos e agilizar o processo, pois as necessidades de todos são atendidas.).

Você pode usar essa técnica quando alguém estiver falando sobre um prazo ou o que precisa ser concluído. Em seguida, você pode responder: "Parece que você está preocupado porque não terminaremos a tempo". Isso construirá um relacionamento muito mais forte do que se tudo que você fizesse fosse focar nos detalhes e ignorar a ansiedade.

Um último aviso: ninguém gosta de um psicanalista amador. Você sabe quem eles são!

"Estou com medo do grande evento de Natal em família que terei neste fim de semana!"

Pode ser difícil distinguir entre demonstrar empatia e julgar precipitadamente.

"Diagnosticar" ou "patologizar" a experiência de uma pessoa. Rótulos que descrevem a emoção de uma pessoa (como "cansado" ou "preocupado") são melhores do que uma teoria complexa. Isso pode fazer com que a experiência pareça invalidada.

Não seja chato

Esta não é ciência de foguetes. Não seja chato se quiser ter conversas melhores e impressionar as pessoas.

Podemos fazer isso examinando as características e os comportamentos daqueles que consideramos chatos e fazendo o oposto. Embora você possa não querer ser visto como chato, é possível que todos nós nos deparemos com isso de vez em quando, simplesmente porque não temos autoconsciência. É possível melhorar seu carisma simplesmente não se envolvendo em comportamentos chatos. Isso requer apenas um pouco de reflexão e disposição para "autoeditar".

Imagine uma pessoa que você acha chata. Qual é a personalidade deles? Como eles são? Talvez seja do seu interesse saber que Wijnand A. P. van Tilburg, que liderou o estudo e o publicou no Boletim de Personalidade e Psicologia Social, descobriu que os estereótipos sobre o que é chato são previsíveis. As pessoas tendem a evitar ou não gostar daqueles que possuem essas características.

Não é de surpreender que os pesquisadores tenham identificado estas características: pessoas sem senso de humor, pessoas que têm hobbies chatos, como colecionar coisas, ou que não conseguem expressar suas opiniões, foram consideradas chatas. Em experimentos, onde foi pedido às pessoas que lessem histórias sobre personagens fictícios, aqueles com muitas dessas características chatas foram considerados menos afetuosos e menos capazes. Ai!

Nunca foi dito ao leitor que a pessoa da história era chata. Eles simplesmente deduziram isso das características. A maioria das pessoas disse que preferiria passar mais tempo com alguém que não possui características chatas e evitar aqueles que possuem. Os pesquisadores quantificaram os resultados perguntando às pessoas quanto elas pagariam para passar tempo com personagens fictícios. Quanto maior o número, mais chato é o personagem!

É importante notar que o estudo foi sobre percepção. Colecionar coisas não é mais nem menos chato do que saltar de paraquedas. O que a pesquisa revelou foram as atitudes das pessoas em relação a um grupo de características. É importante decidir se certos comportamentos e características são universalmente detestados pelas pessoas.

Os pesquisadores descobriram que a percepção das pessoas sobre o que é chato pode variar de acordo com sua cultura e preferências pessoais. Algumas pessoas acham a leitura, a jardinagem ou outros hobbies chatos. Outros, porém, acham que assistir TV ou ter interesse em esportes é chato. Isso nos leva a um ponto importante: sempre há algum artifício quando se trata de interação social. Ninguém é chato. Cada pessoa é única e fascinante. Todos eles têm uma história. Podemos retratar-nos de uma forma que minimize o nosso interesse ou deixemos de considerar o que as outras pessoas consideram envolvente e interessante. Não precisamos fingir, mas nossa apresentação é importante.

Os estereótipos sociais de "pessoas chatas" são, na verdade, uma coleção de transgressões menores. Uma pessoa chata é aquela que não presta atenção nos outros nem se esforça. Eles também não tratam a conversa como uma atividade envolvente e animada. Os pesquisadores identificaram algumas das seguintes características:

Negativo

Sem imaginação

Ordinário

Viciado em trabalho

Sério

Temperamental

Reservado

Ansioso

Passiva

Inativo

sem emoção

Egocêntrico

Arrogante

Sem criatividade

Você notou alguma coisa? Parece que é uma questão de diversão. Pessoas chatas são aquelas com quem não é interessante estar. Inverta todas essas características.

Positivo

Mente aberta

Incomum

Brincalhão

Não leve a vida muito a sério

Alegre

Abrir

Enervado

Ativo

Noivo

Emocional

Estou interessado em outros

Humilde

Criativo

Essas características se encaixam perfeitamente em nosso modelo de conversa ser uma brincadeira e não um trabalho. Por que alguém iria querer uma conversa chata ou chata com alguém? Dizemos "Isso não é divertido" quando descrevemos alguém ou algo como chato. As melhores conversas são animadas, dinâmicas e agradáveis. As melhores conversas são animadas, ativas e inovadoras. Eles fazem as pessoas se sentirem bem. Eles são previsíveis, lentos e enfadonhos. Eles são aborrecidos. Lembre-se de que da próxima vez que insistir em estar certo ou provar seu ponto de vista, você estará firmemente no campo do tédio.

Divirta-se. Divertir-se é atraente para os outros. Deixe-se compartilhar suas paixões, entusiasmo e aproveite a conversa. Ria de si mesmo.

Se você é genuinamente apaixonado por quebra-cabeças e por dormir, pode ser necessário "editar-se" um pouco. Não é que você seja chato; é só que você deve estar ciente dos estereótipos. Você pode ter que "autoeditar", se for genuinamente apaixonado por dormir e por quebra-cabeças. Não é porque você é chato. Apenas esteja ciente dos estereótipos. Você pode enfatizar as partes de sua personalidade que considera mais interessantes.

Resumo:

O encanto de conversação tem tudo a ver com relacionar-se com as pessoas de uma forma genuína. Primeiro, deixe de lado o seu ego, abandonando o julgamento e ignorando se você concorda ou discorda. Ouça com atenção, esteja atento e resista à tentação de fazer conexões entre o que eles dizem e os seus próprios pensamentos.

À medida que você avança nas três fases do relacionamento, seja consistente e lento. Uma divulgação superficial pode ser embaraçosa. A divulgação média revela suas crenças e sentimentos mais profundos. A divulgação pesada lida com suas vulnerabilidades mais sérias. Não seja um livro fechado, mas escolha com quem você compartilha seus segredos.

Compartilhe anedotas para mostrar às pessoas quem você é. Em vez de fatos secos, use histórias que realmente reflitam seus valores.

Ao descrever a experiência ou emoção de outra pessoa, você pode parecer mais carismático. Parafraseie usando "parece" ou "parece" para mostrar sua empatia.

Não seja chato. Traços chatos são aqueles que minimizam a diversão. Seja brincalhão, caloroso e aberto em suas conversas. Esqueça estar certo ou inteligente.

Tonalidade e entrega são importantes.

Não há dúvida de que todos compreendem o poder da linguagem corporal e o seu papel, mas muito poucos consideram as nossas vozes como parte dos nossos corpos. Sua voz é mais do que uma abstração - é um amálgama de sons produzidos por diferentes órgãos do seu corpo para influenciar o fluxo de ar ao seu redor - tornando sua voz verdadeiramente a sua forma mais verdadeira de "linguagem corporal!"

As palavras são importantes, mas a maneira como você as diz pode ser ainda mais importante. Seu tom de voz revela informações sobre você – como sua personalidade, estado de espírito e intenções, bem como fatores como nacionalidade, sexo e idade ou estado de saúde. Uma mudança de tom pode acalmar, intimidar ou aborrecer alguém completamente; estabeleça relacionamento instantaneamente ou deixe as pessoas nervosas instantaneamente.

Lembrar que a tonalidade é um sinal emocional deve ajudá-lo a perceber o seu impacto. Em vez de ver a tonalidade apenas como mais um componente da comunicação verbal, tenha em mente que as pessoas tomam decisões não apesar das emoções, mas por causa delas.

O neurocientista Antonio Damásio fez essa descoberta por meio de um de seus experimentos ao perceber que indivíduos com danos em suas regiões de processamento de emoções deixavam de ser capazes de tomar decisões de forma lógica ou decisiva. Eles ainda conseguiam dizer todas as palavras certas, mas não conseguiam agir sozinhos.
Intelectualmente, eles podiam compreender tudo; sem se sentirem conectados ou investidos emocionalmente, no entanto, eles não conseguiam tomar decisões ou opiniões próprias concretas.

Então, qual deve ser o tom de voz apropriado ao se comunicar com outras pessoas? Infelizmente, isso depende. Adapte sua tonalidade de acordo com a situação, suas intenções e com quem você está se comunicando - leve estes elementos em consideração:

Tom Seu tom refere-se ao quão alto ou baixo é o tom de sua voz. Embora as vozes mais altas tendam a ser associadas à feminilidade e as mais graves à masculinidade, muitas vezes as mulheres profissionais são aconselhadas a baixar a voz para parecerem mais sérias. Mas não precisa ser assim! Em vez disso, tente variar seu tom para evitar falar frases monótonas; um truque para isso poderia ser aumentá-lo ligeiramente ao falar diretamente ou fazer uma pergunta; da mesma forma, evite "Valley speak", aumentando-o sempre após cada frase (isso faz você parecer inseguro ou estúpido!).

Volume é o quão baixo ou alto você fala; ajuste adequadamente com base no seu contexto. Uma voz suave pode transmitir calma, mas também baixa auto-estima ou sigilo, se usada para privacidade; abandoná-lo repentinamente ao transmitir detalhes íntimos aproxima outras pessoas. A intensidade sinaliza alegria e confiança, mas também pode indicar agressão, arrogância ou loucura. O ideal é combinar o seu volume com o das outras pessoas ao seu redor - aumentá-lo ligeiramente pode chamar a atenção, enquanto diminuí-lo ligeiramente pode sinalizar conversas mais sérias, íntimas ou sutis.

Ritmo
Com que rapidez e fluidez você fala. A fala fluida normalmente demonstra confiança e inteligência; por outro lado, frases faladas rápidas ou sem fôlego podem indicar ansiedade. Por outro lado, a fala lenta pode parecer chata ou cansativa (ou velha?), tornando os outros impacientes ou desdenhosos com você - embora a fala lenta possa sinalizar autoridade com sua presença poderosa, palavras pesadas e comportamento forte.
O Centro Nacional de Voz e Fala indica que um americano médio fala cerca de 150 palavras por minuto a um ritmo confortável - então use um cronômetro e faça este exercício para se avaliar!

Articulação
Suas palavras estão sendo articuladas com clareza e faladas corretamente com sua boca, lábios e língua formando um só? Isto parece bastante simples, mas muitas vezes é esquecido - quando as pessoas não conseguem ouvir completamente o que você está dizendo, isso cria uma barreira entre você e elas e torna a compreensão de suas palavras muito mais difícil; isso prejudica os relacionamentos e pode até causar interpretações erradas sobre o que eles significam! Isso dificulta o relacionamento e pode levar a falhas de comunicação entre as partes envolvidas.

Porém, há mais: a má articulação pode estar associada à preguiça, falta de educação, baixa inteligência, tédio e cansaço - ou simplesmente dar a impressão de que você realmente não se importa! Basta comparar um distinto sotaque aristocrata inglês de "vidro lapidado" de 1800 com uma pessoa embriagada pronunciando as palavras antes de cair no sono! Isto pode ser apenas exagero; no entanto, as suas implicações são profundas!

Considere como você usa palavrões (palavrões), palavras de preenchimento ("hum, tipo, você sabe...") e gírias em seu discurso. Não há certo ou errado aqui; em vez disso, tudo se resume ao que é apropriado e se o seu discurso ajuda você a se expressar da maneira pretendida. Em geral, combinar a fala com outras pessoas cria harmonia, enquanto enfatizar as diferenças pode causar distância psicológica - embora, ocasionalmente, destacar essas diferenças possa até agregar valor! Em resumo, tomar consciência de todos os seus tons permite o autodomínio para que abordagens adequadas sejam utilizadas nos momentos apropriados!

Uma dica para melhorar é praticar: imprima um artigo ou discurso famoso e grave/filme você mesmo falando, anotando seu ritmo, volume, articulação e tom enquanto assiste. O que poderia ser melhorado? Respire fundo, alongue-se, "entre na zona", leia novamente enquanto muda o ritmo/volume, etc. Você também pode considerar estudar oradores que você admira para comparar a fala deles com a sua - lembre-se de que isso não é natural para a maioria - assim como suas vozes precisaram ser treinadas em um instrumento... você também pode!
Sua voz é quem você é; representa quem você é para o mundo. Se você achar que muitas vezes fica quieto demais para ser confortável, considere se aumentar seus níveis de confiança pode ajudar e explore quais convicções são mais importantes para você. Se ele tende a ficar sem fôlego durante as interações sociais, examine atentamente os níveis de ansiedade e pratique alguns exercícios respiratórios calmantes antes de qualquer interação social. Quando as pessoas lhe pedem repetidamente para se repetir ou o entendem mal ou percebem mal nas interações sociais - por qualquer motivo - considere profundamente não apenas a sua voz, mas toda a sua apresentação, bem como quem elas realmente são. Quem são eles que não estão vendo o verdadeiro você? E se não, o que está no caminho deles?

Como utilizar Loops Abertos (OLs)

Um "loop aberto" é uma linha de conversa que você deixa intencionalmente aberta para poder retornar a ela mais tarde, se desejar. Perguntas fechadas e abertas ("você gosta de sushi?" vs. "me conte a coisa mais maluca que você já comeu") fornecem exemplos desse formato; loops abertos representam seu extremo.

Certa manhã, às 4 da manhã, conhecemos Julie. Vocês devem conhecer Julie algum dia - vocês se dariam muito bem juntos! Quando a vimos pela primeira vez, ela estava usando uma fantasia escandalosa e não resistimos a iniciar uma conversa..."

Esta história sobre Julie e sua fantasia peculiar começou falando sobre estar em um restaurante desconhecido em um horário inadequado. Ao mudar de assunto tão rapidamente, essa estratégia não apenas envolve mais plenamente o ouvinte, mas também pode servir como uma âncora caso a conversa diminua; basta voltar quando as coisas secarem novamente como um ponto de salvamento de conversa fácil!

Os comediantes usam loops abertos propositalmente para criar antecipação para piadas posteriores, criando uma conexão quase mágica com seu público e construindo histórias compartilhadas e relacionamento com eles. Um ciclo aberto pode simplesmente ser iniciado quando você começa a contar uma história cativante, mas não chega a concluí-la; passe rapidamente para outro tópico; voltar a um ciclo aberto mais tarde é como adicionar uma piada inesperada e sem humor à sua atuação!
Conversadores naturalmente talentosos (ou pessoas com ótima química) tendem a gerar muitos ciclos abertos sem sequer tentar. Isso acontece porque eles ficam tão imersos no que está acontecendo que eles brincam com isso e abandonam qualquer linha atual, mais tarde retomando-a com igual entusiasmo. Você já experimentou essa sensação ao conversar com alguém com quem parecia destinado a conversar por dias a fio? Esse sentimento provavelmente foi provocado por loops abertos!

Guarde um pouco para quando as pessoas lhe fizerem perguntas; permita que sua curiosidade molde o diálogo. Às vezes as histórias não precisam terminar de uma vez! Não se sinta pressionado a concluí-los todos de uma vez. Mantenha um pouco de distância para que as pessoas façam mais perguntas - e permitir que a curiosidade conduza a discussão pode levar a momentos incríveis.

A Irlanda define "craic" como brincadeiras soltas e abertas que parecem nunca ter fim; o objetivo é simplesmente continuar falando e evitar fazer qualquer declaração definitiva de qualquer maneira!

Considere o seguinte diálogo e tente identificar quaisquer loops abertos - eles quase funcionam como ganchos aos quais você poderia retornar e iniciar outra conversa.

R: "Então, o que você está estudando?"

B: "Nossa, um diploma de TI." R: "Nossa! Você é novo em TI ou sempre teve interesse nesse tipo de coisa?"

B: "Na verdade não! No início eu era formado em economia; no entanto, meu foco mudou rapidamente..."

R: "Por outro lado, o meu pai ensinou economia na universidade - e para ser honesto, ele pode ser bastante excêntrico! Talvez seja necessário ser bastante excêntrico para se destacar em economia!

B: [Quando a conversa de A começa a diminuir e A tem dificuldade em acompanhar] Há um loop aqui!]

R: Quanto a TI, não tenho muita experiência... Que tipo de pessoas constituem os estudantes de TI de hoje?

Este é um ciclo relativamente menor, no qual um diploma de TI é discutido, mas deixado sem resolução. Posteriormente, porém, esta questão voltará a ser discutida e, esperamos, resolvida de forma satisfatória.
Quem você considera o melhor conversador aqui - A ou B? Se foi esta última que se destacou como mais bem-sucedida, pode ser porque ela empregou um loop quando o diálogo vacilou, enquanto A não tinha para onde voltar quando as coisas vacilavam.

Os loops abertos podem tornar-se muito maiores com o tempo; na verdade, as chamadas "piadas de retorno de chamada" e as piadas internas de longa duração geralmente começam como ciclos abertos. Por exemplo, considere este exemplo em que A e B se encontram novamente uma semana depois, e o que acontece:

R: "Olá! Que bom conhecê-lo novamente!"

B: "Ei!" R: "As aulas estão indo bem?" B: "Sim, eles estão bem - embora, você se lembre de como seu pai maluco era professor de economia? Bem, adivinhe?! Nosso novo professor é exatamente como seu pai maluco o descreveu antes e não mudou para o ensino comp sci ainda?!"

B fecha um ciclo voltando a uma discussão anterior. Os loops podem ser curtos ou longos e a distância até o retorno pode variar entre as conversas; tudo o que é necessário para criar loops convincentes é uma consciência aguçada e uma memória excelente. Ao voltar, B está dizendo a B que ela se preocupa com esse assunto, o que instantaneamente cria confiança, respeito e relacionamento entre eles.

Tenha cuidado com loops abertos; simplesmente mantenha a conversa fluida e envolvente usando loops abertos com moderação e regularidade. Alguns ciclos abertos criarão uma conversa envolvente; use-os generosamente para que você tenha muito material disponível caso surjam problemas imprevistos posteriormente em sua conversa. Mantenha isso em mente:

Volte ao loop somente quando sua conversa parecer estagnada; caso contrário, as pessoas podem julgá-lo mal como tendo TDAH conversacional e ficar cansado de você!

Não force um retorno se isso não acontecer naturalmente ou você parecerá dominador na conversa.

Seus assuntos inacabados devem cativar e envolver seus ouvintes, e não provocá-los ou frustrá-los. Um "suspensor" pode ser um excelente dispositivo de conversação - apenas não exagere ao usá-lo para adicionar humor!

Falando figurativamente...

Leia o agora lendário discurso "Eu tenho um sonho" do Dr. King: "Nossa visita à capital de nossa nação representa-nos descontando um cheque. Quando os arquitetos de nossa república redigiram a Constituição e a Declaração de Independência, eles assinaram uma nota promissória com a qual todos Os americanos herdariam. Em vez de honrar esta obrigação sagrada, a América deu ao povo negro cheques sem fundos marcados como "fundos insuficientes". , para descontar este cheque."

"Dê-nos, sob demanda, as riquezas da liberdade e da segurança da justiça." Parece convincente, não é? Ele poderia ter elaborado ainda mais sobre a promessa deles.
Ele reconheceu a necessidade de pintar um quadro preciso para seu público enquanto lia seu artigo; você poderia imaginar esse cheque sem fundo enquanto lê?

Existe um experimento extremamente conhecido chamado paradoxo Baker-Baker. Os participantes deste experimento viram a foto de um homem e um grupo foi informado de que seu sobrenome era Baker, enquanto outro grupo acreditava que ele era padeiro profissional. Mais tarde, foi pedido a ambos os grupos que recordassem quaisquer ocorrências da palavra "padeiro". Quando questionados mais tarde sobre isso, aqueles que disseram que essa era sua profissão lembravam-se dela com mais facilidade do que aqueles que pensavam que se referia simplesmente ao sobrenome; por que?

Porque a nossa mente cria associações e memórias ligadas à profissão de panificadora, enquanto este nome não significa nada isoladamente (a menos, claro, que partilhemos um!). Então a profissão tem mais vínculos mentais o que significa mais significado para nós; portanto, nos envolvemos com isso mais prontamente.

Dr. King também enfrenta o mesmo destino quando seu cheque é devolvido.

As mentes humanas foram projetadas para pensar em narrativas, alegorias, conexões e associações; assim, a criação de metáforas dá ao ouvinte algo mais colorido e cativante para envolvê-lo.
Seu objetivo deve ser gerar imagens que captem a imaginação deles, despertando o interesse deles e tornando você mais atraente em troca. Quanto mais vívidas forem suas imagens, maior será seu apelo e mais cativante você parecerá como pessoa.

Pessoas como o Dr. King não são apenas visionários; eles também possuem a capacidade de transmitir suas visões pessoais em algo que outros possam compreender e sentir facilmente. Isso torna o trabalho deles inspirador e motivador – se você puder fazer o mesmo, você se tornará ainda mais persuasivo e capaz de convencer as pessoas de suas ideias.

As pessoas podem associar "carisma" a figuras históricas como Martin Luther King Jr., mas você pode ser carismático sem se tornar uma figura histórica e famosa. Envolver imagens vívidas pode ajudar a torná-lo carismático no dia a dia; as pessoas que ouvem são seres emocionais e nada os comove mais emocionalmente do que imagens, histórias e metáforas vívidas.

O que motiva e interessa seus ouvintes? Depois de entender isso, use esse insight para criar uma metáfora que fale a língua deles - por exemplo, um professor poderia transmitir aos jovens estudantes a realidade da paternidade dizendo que ter filhos é como jogar videogame no modo difícil com os olhos fechados e os controles quebrados!

Uma analogia como essa permite ao ouvinte digerir rapidamente o que você está defendendo. Metáforas e analogias como estas são tão eficazes porque não só transmitem informações importantes, mas também transmitem como essas informações se enquadram nas suas vidas diárias - por outras palavras, o que significam.

Os líderes aperfeiçoaram este método para motivar, inspirar e influenciar outras pessoas; mas você também pode usar a mesma tática para outros propósitos: criar relacionamento com pessoas de quem você ainda não gosta ou envolvê-las em conversas que pareçam mais naturais, agradáveis e simplesmente incríveis!

Aqui estão algumas estratégias de manuais de grandes oradores que podem ajudá-lo a usar uma linguagem colorida e emotiva que alcançará e envolverá as pessoas:

Não discuta simplesmente o que você acredita e por quê; tente entender o que motiva alguém à sua frente, para construir um diálogo significativo.

Enquadre seu argumento usando termos que eles selecionariam, para que, no final, eles sintam que você os entendeu, e não o contrário!

Tente explicar conceitos difíceis usando exemplos relacionáveis que sejam mais fáceis de serem compreendidos pelos ouvintes e leitores, como "As mitocôndrias podem ser usinas de energia das células, mas o complexo de Golgi age como uma caixa de gelo onde tudo é embalado e enviado para onde precisa ir."

Não permita que a linguagem se torne mundana. Mesmo em pequenas coisas, mantenha seu vocabulário vibrante e fascinante - pessoas com vocabulários ricos e vívidos tendem a ser percebidas como mais inteligentes e interessantes, então evite linguagem previsível e rotineira e brinque com adjetivos incomuns ou frases divertidas que farão as pessoas entenderem. segundas olhadas.

Permita que seu próprio entusiasmo e alegria se espalhem para os outros. Ao contar uma história, entre em sua essência emocional usando expressão, voz e linguagem corporal ao contá-la.

Duas palavras mágicas para desencadear discussões intermináveis

Desde a nossa última dica e truque, vimos que há sempre uma regra tácita sobre conversas bem-sucedidas: elas devem ter como objetivo conectar, compartilhar e desfrutar, em vez de competir ou atuar para progredir; o seu foco deve permanecer no diálogo e não na autopromoção; essa mudança sutil, mas profunda, deve permanecer no centro de tudo o que você extrai deste livro.

Uma abordagem que realmente captura essa mentalidade pode ser encontrada na atuação improvisada. Testemunhe esta troca:

R: O Brasil seria um dia o destino dos meus sonhos, sua cultura, seu povo, seu sol... sem falar em praticar meu espanhol lá!

B: Seu espanhol? Você percebe que eles falam português no Brasil?

A: (um pouco envergonhado) Sim, hum... de qualquer forma, acho que seria legal.
B: Claro... mas como você está baseando essa decisão no conhecimento sobre o Brasil?
R: Ah, sim - na escola havia um garoto brasileiro incrível que ajudou a nos ensinar português...

B: No entanto, ouvi dizer que o Brasil tem uma taxa de criminalidade alarmante.

A: (começa a pensar em saídas)

O que deu errado aqui? A parece estar tentando avançar enquanto B parece estar criando obstáculos e barreiras em seu caminho. Embora B só tenha usado "mas" uma vez explicitamente, o seu significado poderia facilmente ter sido esquecido: quando usamos palavras como estas - que fazem mais mal do que bem - para negar tudo o que acabamos de dizer, refutando outra pessoa e deslegitimando os seus pontos de discussão; criamos barreiras que perturbam a conversa, em vez de criar algo fluido como dança ou harmonia. Basta dar outra olhada:
R: Ah, cara! O Brasil seria uma experiência incrível para mim - desde seu clima quente e seu povo acolhedor até praticar meu espanhol em locais públicos! Desejo que um dia isso aconteça!

B: Então você é um falante experiente de espanhol?

R: Bem, não exatamente – como afirmei anteriormente, a prática certamente ajudará!

B: A prática é a chave! Não vá ao Brasil e ofenda acidentalmente a mãe de alguém toda vez que perguntar onde fica a estação de trem...

R: Absolutamente correto; esta é, de facto, a raiz de toda a violência dos gangues.

B: Absolutamente. Tem que haver uma análise em algum lugar!

R: Existem estudos para tudo que se possa imaginar... ou poderíamos simplesmente criar os nossos próprios... Sou bastante adepto de criar coisas...

No centro da sua primeira conversa está a insistência de B em corrigir o erro de A, juntamente com a subsequente postura e julgamento de A. É quase como um sparring - seja o que for que A diga, B tem de responder com algo contrário. Parece loucura quando colocado dessa forma, mas certamente todos nós já passamos por isso?

Mas na segunda discussão, as inverdades de A não têm a menor importância; a conversa deve ser simplesmente sobre diversão e conexão! A discussão não deve ter como objetivo descobrir quem é superior ou mais correto; seu propósito deve ser divertido!

Não há mais silêncio! Em vez disso, esta conversa não apresenta momentos explícitos de "sim e", mas um sentimento avassalador de afirmação permeia ambos os diálogos. O que quer que A diga, B aceita totalmente e segue em frente como se fosse uma corrida de revezamento oficial - nem A nem B ficam muito sobrecarregados com qualquer um dos argumentos para oferecer sugestões.
Ninguém fica preso a noções preconcebidas sobre o rumo que a conversa deve tomar; em vez disso, eles adotam uma abordagem experimental que cria brincadeiras maravilhosas e calorosas que fluem rapidamente, provavelmente criando emoções positivas em ambos os lados da equação - tornando-se algo maior do que qualquer um poderia imaginar de antemão. Por outro lado, a conversa 1 fez B se sentir superior, mas provavelmente deixou a pessoa A se sentindo inferior. Por outro lado, a conversa 2 conseguiu fazer com que a pessoa B se sentisse superior, mas com um grande custo pessoal para si mesma, já que a Pessoa A provavelmente agora pensa nela como arrogante ou ofensiva e não consegue fugir dele rápido o suficiente!

Improv é dizer "Sim, e" em vez de "Sim, mas".

Este guia deverá servir apenas como um esboço geral; o conceito chave aqui é responder a cada pessoa sem julgamento, resistência ou negatividade. Mesmo pequenos indícios de não aceitação ou resistência podem criar grandes barreiras entre você e eles - tornando mais difícil do que nunca ter conversas genuínas, divertidas e incríveis.

Cada vez que você muda de assunto ou volta a ele, apesar das tentativas deles de se afastarem, você pode estar dizendo sutilmente: "Não, mas". Seu comportamento pode parecer defensivo ou teimoso por ter entrado nessa interação com uma ideia de como as coisas deveriam acontecer; quando isso não acontece de acordo com o planejado, você para de perceber as dicas da outra pessoa e começa a conversar apenas consigo mesmo.

Você já quis trazer à tona algo importante em uma conversa, mas isso rapidamente desviou do assunto e tornou seu ponto de vista irrelevante? Experimente ter a graça de deixar ir. Embora você possa se sentir melhor ao defender seu caso com força quando chegar a sua vez de falar, seus ouvintes podem pensar "ela ouviu o que acabei de dizer?"

Nada demonstra aceitação, reconhecimento e validação de forma mais eficaz do que reagir rápida e espontaneamente ao que as pessoas inventam e expandi-lo em tempo real. Mergulhe em seus mundos. Considere a afirmação deles como absolutamente "verdadeira", como em uma peça teatral de improvisação.

O medo pode impedir as pessoas de darem esse passo; talvez você pense: "Mas não sei o que dizer! Estarei no local e não terei nada espirituoso para dizer!" Sim, isso requer prática, mas se você conseguir relaxar um pouco e "seguir o fluxo", poderá descobrir que algumas das conversas mais envolventes são aquelas em que não houve nenhuma preparação necessária.
Simplesmente esteja presente. Ninguém espera que você seja inteligente, engraçado ou inteligente - eles esperam que você simplesmente apareça!

Quando uma conversa começa a entrar em território de confronto e você se vê preso na armadilha do "mas", respire fundo e concentre sua atenção no exterior. Em vez disso, absorva o que a outra pessoa está lhe dizendo; permita-lhes definir o ritmo, o tom e o tópico da discussão - acredite que qualquer tópico pode gerar um diálogo brilhante! Em vez de se preocupar em parecer inadequado na conversa - concentre-se em melhorar a aparência deles - essa abordagem funciona como mágica!

Você está lutando por conflito com outra pessoa? Aqui, torna-se importante manter o estilo e o tato em mente, omitindo o "mas".

Em vez de dizer: "você quer seguir por aqui, mas se o fizermos, teremos trânsito", diga: "Sim, poderíamos seguir esse caminho, mas também poderemos pegar algum trânsito - ou poderíamos seguir esse caminho alternativo, que provavelmente será mais rápido."

As informações apresentadas sem discussão ou conflito são facilmente digeridas; bons conversadores sabem discordar sem comprometer o que realmente importa: uma conexão agradável.

Não importa quão excêntrica ou desagradável seja a posição do outro, ou quão discordante possa ser, você ainda pode construir uma conexão dinâmica e envolvente. Mantenha seu ego sob controle; anote o roteiro; tenha fé nos outros! Assim como em De quem é a linha, afinal? - tudo é inventado e nenhum ponto importa!

Resumo: Sua voz é uma incrível forma de comunicação não-verbal. Esteja atento ao seu tom, volume, articulação e ritmo ao usá-lo para falar em público; pratique para garantir que você está causando o impacto desejado em seus ouvintes.

O neurocientista Antonio Damasio descobriu que as pessoas tomam decisões não com base na lógica, mas na emoção – que deveria ser o seu objetivo ao buscar relacionamentos significativos.

Use loops abertos para criar conversas que pareçam ricas, plenas e "completas". Simplesmente comece a contar uma história sem concluí-la imediatamente se a conversa falhar; retornar mais tarde, se necessário, pode manter as coisas fluindo sem problemas.

Ao falar, seja mais cativante usando uma linguagem nova, nova e vívida. Faça uso de metáforas para simplificar tópicos complexos em uma linguagem facilmente compreensível; conectar-se emocionalmente usando linguagem e imagens atraentes, demonstrando entusiasmo.

Concentre a conversa longe de você e na outra pessoa, com o objetivo de construir conexão em vez de competir ou ter desempenho. Utilize o "sim e" da comédia improvisada como um meio de manter as coisas abertas e dinâmicas; esteja disposto a liberar noções preconcebidas sobre qual deve ser o objetivo da sua conversa e seguir o que se desenrola naturalmente - a experiência será mais natural, agradável e conectada!

É verdade o que dizem; o silêncio pode ser poderoso! A intencionalidade também importa: o que não dizemos pode ter o mesmo poder!

Tal como na música, os espaços entre as notas são igualmente essenciais na conversa; silêncios no momento certo e por razões justificáveis podem dizer muito sobre o que está sendo comunicado. As pausas só devem ser usadas deliberadamente.

Elementos substantivos acrescentam estrutura e profundidade ao que está sendo discutido.

Eles oferecem conforto tanto para os ouvintes quanto para os participantes de uma discussão.

Algumas pessoas tendem a falar muito e sem parar. Suas línguas podem fluir com informações por vários motivos - talvez eles estejam compartilhando um interesse ou cheios de ansiedade, talvez não se sintam ouvidos e, portanto, precisem se repetir continuamente para tornar seu ponto de vista cada vez mais claro.

Não importa a causa, essas pessoas tendem a não ser levadas a sério – e muitas vezes se desligam! "Falar demais" pode significar muitas coisas: repetir-se; usar palavras desnecessárias ou complicadas onde palavras mais simples seriam suficientes; prolongar frases além do comprimento desejado; constantemente se desviando ou divergindo em conversas irrelevantes. Uma parte disso também consiste em simplesmente preencher cada momento com discurso até que não haja mais espaço para respirar!
Mas reservar um tempo para parar, refletir e considerar cuidadosamente cada palavra antes de falar terá vários efeitos. Em primeiro lugar, você ficará mais relaxado - se você ficar sem fôlego rapidamente ou se sua voz ficar embargada ou soar estranha ao falar em voz alta, é provável que sua respiração não tenha relaxado adequadamente; a respiração relaxa o corpo e a caixa vocal, ajudando a sua voz a soar mais relaxada e, assim, deixando os outros à vontade ao ouvi-la em suas caixas vocais! Ao ouvir relaxamento em sua caixa de voz, as pessoas se sentirão mais à vontade - assim como sentirão confiança ao falar em voz alta!

As pausas proporcionam aos ouvintes tempo para processar o que você disse. Fazer isso educadamente lembra ao seu público que, embora você já entenda o que eles precisam ouvir, outros talvez ainda não. Apresse-se sem dar-lhes esse tempo - isso pode simplesmente desperdiçá-los completamente.

Acompanhar e moderar sua fala com pausas traz um ar de tranquilidade, dignidade e presença de espírito a qualquer discurso que você fizer. Você já desejou ter falado de forma mais descuidada? Sem dúvida não; mas há grandes chances de você se arrepender de ter falado sem pensar ou de ter tomado decisões sem muita consideração; ao fazer uma pausa, você terá tempo para refletir sobre por que e o que está acontecendo com o que você está fazendo e para onde estão indo suas prioridades.

A pausa lhe dá espaço para observar como as outras pessoas estão reagindo, para que você possa se ajustar imediatamente, se necessário. Você já conversou com alguém que parece não perceber que sua história o entedia até as lágrimas? Eles podem estar muito imersos em dizer isso e não percebem que você não está interessado. Além disso, a pausa pode servir como um substituto ideal para palavras de preenchimento irritantes como "um" e "gosto".

Desacelerar. Experimente adicionar pausas mais longas ao seu discurso – de um ou dois segundos de duração (você pode contar "um Mississippi" em sua cabeça como um indicador!). Ao praticar esse hábito, você parecerá mais deliberado, confiante e no controle; muitos temem fazer uma pausa por medo de que outros percam o interesse ou interrompam; mas experimente como um experimento e veja como funciona! Você pode descobrir que prefere isso a respostas disruptivas!
Contanto que suas próprias palavras sejam tratadas com cuidado e consideração, os outros estarão mais dispostos a retribuir seus esforços.

Onde você deve fazer uma pausa? Mantenha a naturalidade colocando-os onde vírgulas ou pontos normalmente apareceriam na fala escrita. Fazer uma pausa depois de apresentar um ponto importante ou antes de começar uma nova frase ou revelar informações interessantes são locais eficazes para reflexão ou pensamento do público - por exemplo, depois de uma pergunta retórica interessante e quando combinada com linguagem corporal ou expressões faciais apropriadas, pode ser ainda mais poderoso do que qualquer quantidade de palavras! Estude quadrinhos stand-up e oradores públicos conhecidos para se inspirar em relação a quando e onde eles fazem uma pausa, bem como seu ritmo geral e onde param de onde normalmente param.

Ouvindo o discurso de aceitação presidencial do presidente Obama como exemplo. Observe o uso de pausas (muitas!) para dar seriedade e potência ao seu discurso, ao mesmo tempo que dá ao público tempo para reagir ao que ele está dizendo. Suas pausas permitem que ele aproveite e experimente plenamente cada palavra que pronuncia, mantendo a atenção deles - algo que você deve tentar fazer em seus discursos para dar muito mais autoridade e peso do que simplesmente falar rápida e rapidamente através de todos eles.

Encontre um parágrafo de texto e pratique dizê-lo em voz alta no ritmo desejado para ganhar confiança e facilidade ao falar em voz alta. Concentre-se primeiro na respiração: quando sua respiração estiver suave e uniforme, você se sentirá relaxado e mais agradável ao falar em voz alta; tente respirar fundo e, ao mesmo tempo, visualizá-los sendo liberados lentamente, sem apressar as palavras; repita até encontrar um fluxo suave - quando ficamos nervosos (ou excitados!), padrões respiratórios superficiais ou irregulares podem resultar em vozes tensas e agudas ou sem fôlego. Mas quando respirar regularmente permite mais liberdade – literalmente falando!

Aplicar o Princípio de Pareto Talvez mais conhecido pelo nome coloquial de "regra 80-20", o Princípio de Pareto simplesmente afirma que 20% dos insumos fornecem 80% dos resultados. Este princípio tem sido empregado há muito tempo nos negócios, mas podemos obter insights adicionais quando o aplicamos nós mesmos.
Aplique-o ao nosso mundo de habilidades de comunicação e conversação, especialmente para nos tornarmos melhores ouvintes.

Vamos começar nos perguntando: na sua última conversa, você estava tentando ser interessante ou interessado? Ou podemos colocar a questão de outra forma: o propósito da conversa é mostrar a alguém o que você sabe ou aprender o que essa pessoa sabe?

Todos nós entendemos o valor da escuta ativa, mas quantos de nós realmente a praticamos? Aplicar o princípio de Pareto à escuta significa: 80% das conversas devem girar em torno dos outros e 20% devem centrar-se em torno de você mesmo - embora se isso lhe parecer incomum, considere quantas conversas realmente ocorreram onde essa proporção foi invertida!

Aqui estão algumas estratégias eficazes para alienar, entediar e cansar rapidamente outras pessoas em uma conversa:

"Despejar" sua história neles, assumir o controle do tempo de conversação e fazer tudo sobre você são maneiras que podem atrapalhar.

Esforce-se para direcionar as conversas para os tópicos que você deseja; ouça quando alguém muda de assunto suavemente, mas rapidamente volte ao seu ponto de discussão, como se ninguém tivesse falado antes de continuar sua argumentação sobre o seu ponto de vista, sem dar uma bronca de ninguém!

Fazer o seu melhor para impressionar, discursar ou se gabar para os outros, a fim de se destacar na conversa ou conectar todas as ideias a você mesmo por meio de anedotas pessoais, provavelmente não dará certo com as pessoas ao seu redor. Ser aquela pessoa que interrompe os outros com comentários do tipo "bem, na verdade...". Ser falso e inautêntico enquanto executa um "script" ineficaz e previsível. Por exemplo, perguntar como alguém está e depois desligar completamente quando a resposta chega, pois o tempo para a pergunta expirou é outra forma de falsidade e falta de respeito.

Por mais que todos nós nos esforcemos para nos tornarmos melhores conversadores, esse desejo pode, na verdade, sair pela culatra se nosso foco for apenas nos tornarmos "melhores". Em outras palavras, em vez de perguntar como posso melhorar, "como posso me tornar mais interessante ou carismático?", podemos nos perguntar:

Você sabe exatamente onde está o problema; tudo se concentra em você.
Se você realmente deseja se tornar um conversador envolvente, pergunte-se o seguinte: "Como posso fazer meu interlocutor se sentir bem?" Aproveitar e aprofundar minha conexão com eles é importante, mas aprender com eles e ajudá-los a brilhar também é fundamental.

Em termos de mentalidade, é bem diferente; é a diferença entre ser interessante e engajado! Mesmo um indivíduo envolvente pode tornar-se cansativo conversar se suas interações fizerem com que os outros se sintam ignorados, entediados ou rejeitados!

Ser um ouvinte ativo pode ser um desafio. Você precisa fazer mais do que representar o papel; você precisa realmente ouvir! Primeiro, observe. Entre em conversas sem uma agenda, suposições ou preconceitos em mente - tente compreender que qualquer tópico pode surgir na conversa e que cada conversa é uma experiência de cocriação viva e em desenvolvimento - isso não é emocionante? Fique curioso à medida que o desenrolar ocorre.

Ao ouvir, tente não pensar quando será sua vez de falar no futuro. Não pense no futuro em como você responderá ou filtrará tudo através de um filtro para decidir se concorda ou discorda do que foi dito - sua tarefa aqui deve ser apenas ouvir e coletar informações enquanto olha a pessoa nos olhos para que entender sua visão de mundo - como é ser eles agora, de onde eles realmente vêm e assim por diante.

Enquanto alguém fala, dar esse tipo de atenção só vai deixá-lo mais encantado do que antes. Uma técnica comum de escuta ativa é repetir o que foi ouvido para mostrar sua compreensão, embora essa etapa não seja estritamente necessária se alguém sentir que tem toda a sua atenção.

A escuta ativa é iterativa, o que significa que você deve ajustar e ajustar conforme avança. Esteja preparado para surpresas se a conversa tomar um rumo inesperado; não se precipite para defender ou explicar algo de que você discorda, por exemplo, se alguém mencionar uma área que você conhece bem; em vez disso, concentre-se na compreensão e na conexão, em vez de responder, avaliar ou negar, pois tudo isso fará uma grande diferença para você e para a outra pessoa envolvida!
Agora, você deve estar se perguntando: "Se estou ouvindo 80% do tempo e falando apenas 20%, como poderei expressar o que quero? conversador eficaz?" Mas se examinarmos a nossa abordagem de outro ângulo, esta questão surge de uma mentalidade que vê as conversas como competições, em vez de interações agradáveis entre dois indivíduos, onde falar é mais valorizado do que ouvir. Lembre-se: é perfeitamente possível ter discussões brilhantes e profundamente satisfatórias mesmo com alguém com quem falamos muito pouco!

Verdade seja dita, dar espaço às pessoas e fazer com que se sintam ouvidas irá naturalmente encorajá-las a retribuir o seu gesto de dar-lhes espaço para se expressarem, levando-as a fazer com que a sua voz seja ouvida sem problemas. Por outro lado, se as pessoas tiverem a sensação de que você está sempre disputando atenção ou tentando dominar o diálogo, elas podem ficar menos inclinadas a lhe dar tempo de antena e, na verdade, é menos provável que deixem você falar.

Da próxima vez que você estiver conversando, preste atenção em como seu foco muda com o tempo. Monitore-se a cada momento para ver se isso afeta mais você, a outra pessoa ou, de maneira mais geral, o tópico em questão. Embora seja bom ocupar o centro do palco de vez em quando, tente afastar-se de si mesmo, mantendo o olhar focado para fora e longe de você mesmo por meio de métodos como:

Questionar o que os inspirou a emigrar é fundamental aqui; tente perguntar, por exemplo: "o que inspirou sua decisão?")

Incentive-os a falar mais ("Sim?" ou "E depois?")

Exclamações ("Uau!")
Depois que alguém falar, reserve um tempo para processar o que foi dito sem interromper instantaneamente; reserve tempo suficiente para processar antes de responder diretamente ou forçar alguém a sair do palco na sua vez. Faça perguntas abertas que convidem ao compartilhamento antes de ficar em silêncio para permitir que outros falem livremente. Concentre toda a sua atenção neles ao falar em voz alta.

Se você quiser um ótimo exemplo de escuta ativa em ação, assista a qualquer grande apresentador de talk show de TV entrevistando seus convidados. Observe como, paradoxalmente, eles parecem simpáticos e carismáticos, embora tenham deixado seu convidado brilhar completamente!
Observe como, ironicamente, sua capacidade de deixar o outro falar confortavelmente os faz parecer confiantes, controlados e relaxados - um indicador de quão confortáveis e relaxados eles se sentem consigo mesmos e em fazer os outros parecerem bem! Na próxima vez que você falar com alguém, coloque-se na mentalidade dela e observe como as coisas mudam dramaticamente!

Microexpressões podem falar muito.

Até agora, exploramos várias dicas e técnicas para uma comunicação eficaz e envolvimento com outras pessoas para tornar-se instantaneamente mais atraente e compreensível para elas. Agora vamos nos concentrar em entender as pessoas.

A comunicação envolve dois lados – remetente e destinatário das mensagens. Se você conseguir perceber com precisão como suas mensagens chegaram e entender o que os outros compartilham com você com mais precisão, suas conversas fluirão com mais facilidade e você compreenderá melhor os outros, levando-os a sentir que você os entende mais, levando-os a considerar Como resultado, você é mais amigável, mais simpático e carismático.

Se você acha as interações estranhas ou estranhas sem entender o porquê, ou se muitas vezes se sente incompreendido, pode ser que o que as pessoas dizem difere do que realmente sentem e pensam. Tornar-se um leitor adepto de pessoas requer observação e intuição em partes iguais.

Microexpressões são expressões faciais ultrarrápidas (1/15 de segundo!) que se acredita serem indicadores genuínos dos estados emocionais das pessoas. Semelhante às "macroexpressões", mas com efeitos de curta duração. Exemplos incluem raiva, medo, nojo e surpresa. Qualquer um pode fingir ou esconder sorrisos, mas se alguém conseguir captar uma microexpressão, isso dará uma ideia do que as pessoas realmente vivenciam, independentemente da imagem que retratam.

Compreender as microexpressões nos ajuda a compreender melhor por que às vezes podemos nos afastar de situações sociais.
Podem existir incertezas entre conversas oficiais e subterfúgios tácitos; quando essas duas histórias colidem inconscientemente, você pode sentir desconforto sem perceber por quê. No entanto, ao ficar mais atento às microexpressões, você poderá detectar melhor qualquer ambivalência, mascaramento ou intenções totalmente enganosas de outras pessoas.

Um exemplo seria quando um dos amigos do seu parceiro sugere ir beber mesmo que seja tarde e todos estejam exaustos. Sua parceira sorriu educadamente, mas imediatamente lançou um olhar para você com uma linguagem corporal tensa e uma leve carranca ao ouvir essa sugestão, mostrando que ela só pretendia ser educada ao aceitar. Você sorriu educadamente, mas recusou respeitosamente a oferta de seu amigo.

Perceber as diferenças permitiu uma leitura muito mais profunda de uma situação cotidiana. Sua esposa concordou oficialmente, mas suas microexpressões revelaram seus verdadeiros sentimentos - se você tivesse perdido essa pista, a noite poderia ter sido diferente; ser sensível até mesmo aos pequenos sinais de emoção genuína ajudou a criar alguém mais engajado e compreensivo.

Enquanto trabalha, você pode observar um colega agindo com raiva. Ao ler outras dicas e observar suas microexpressões, entretanto, você passa a acreditar que ele pode realmente estar mais com medo do que com raiva; portanto, ao conversar com ele na próxima vez, esforce-se para deixá-lo à vontade, diminua o ritmo e ofereça soluções, em vez de ficar na defensiva (como a maioria tenderia a fazer quando confrontada por uma pessoa irritada!). Ele pode considerar suas interações particularmente intuitivas ou empáticas - mas isso não foi conseguido através de alguma habilidade mágica!

A leitura de microexpressões também oferece outra vantagem: descobrir mentiras! Por exemplo, se alguém disser que adorou o presente de aniversário que você lhe deu e imediatamente após fazê-lo mostrar uma expressão de desgosto e choque, isso pode dar um indicador sobre o que não deve ser dado no próximo ano!

Lembre-se apenas de que a leitura de microexpressões deve ser feita juntamente com quaisquer outras observações que você fizer. Especialmente com pessoas que você não conhece bem, é melhor comparar quaisquer observações notáveis com uma linha de base para fins de comparação e procurar padrões em vez de incidentes isolados; algo que dura apenas 1/15 de segundo pode facilmente passar despercebido ou ser mal interpretado!

Alguns podem argumentar que a maioria dos movimentos faciais fugazes são tão rápidos que são difíceis de detectar conscientemente - nesse caso, confie na sua intuição e no seu instinto. Se alguém parece amigável, mas deixa você desconfortável ao falar com essa pessoa, não despreze sua percepção; talvez o seu subconsciente tenha detectado discrepâncias entre as palavras deles e o que eles realmente sentem; seu corpo e sua mente podem simplesmente estar avisando você!

Você já se perguntou por que as pessoas clicam
Você já teve aquela "sensação de clique" ao conversar? Bem, Emma Templeton e seus colegas conduziram um experimento para investigá-lo, publicando seus resultados em 2022 na revista Psychology and Cognitive Sciences.

O que eles fizeram foi pedir a duplas de estranhos e amigos para conversarem antes de fazerem um auto-relato sobre seu nível de conexão, ou "clique". A equipe descobriu que quando os casais tinham tempos de resposta rápidos, eram mais propensos a relatar terem clicado. Talvez por se sentir mais próximo de pessoas com tempos de resposta cada vez mais rápidos do que aqueles que respondem mais lentamente? Respondentes mais rápidos tendem inconscientemente a fazer as pessoas se sentirem mais próximas.

Os pesquisadores observaram um resultado semelhante quando outros foram solicitados a observar e avaliar conversas entre dois indivíduos e avaliar se achavam ou não que os dois pareciam compatíveis - eles também notaram tempos de resposta mais rápidos = melhor conexão.

Mas primeiro, algumas ressalvas sobre este estudo. Os investigadores descobriram apenas que as pessoas eram mais propensas a reportar ligações fortes com parceiros de resposta rápida; isto é, aqueles que eles achavam que os entendiam bem e a conversa fluía sem problemas. Não se sabe se isso equivale a laços genuínos de compreensão. No entanto, em última análise, pode não fazer muita diferença entre estar conectado e sentir-se conectado?

Outra limitação da pesquisa foi o seu escopo limitado: ela apenas fez uma observação - conversas com tempos de reação mais rápidos tendem a ser descritas como mais conectadas - mas isso implica que podemos aumentar o quão bem conectadas as outras pessoas se sentem conosco se respondermos mais rapidamente ? Infelizmente, isso é algo que o estudo não explorou, mas você certamente pode testar você mesmo!

Da próxima vez que você iniciar uma conversa, tente prestar mais atenção não apenas ao tempo de resposta (que é apenas uma métrica), mas à capacidade de resposta geral. As pessoas se sentem mais conectadas, vistas, reconhecidas e compreendidas quando parece que outra pessoa está ali com elas, respondendo rapidamente, prestando atenção e ouvindo atentamente - pense em como uma chamada internacional pode causar atrasos! Chamadas de zoom com pequenos atrasos podem ter resultados semelhantes - achamos mais difícil conseguir um fluxo autêntico entre todos nós.

Velhos amigos costumam desfrutar de silêncios descontraídos entre si; no entanto, para manter um fluxo de conversa saudável e evitar lacunas. Se houver alguma hesitação entre os tópicos da conversa, volte para um ciclo aberto (vê como eles podem ser úteis?) Ou faça uma pergunta aberta para reiniciar as coisas. Você não precisa necessariamente adicionar nada de novo ao diálogo para que ele conte como respostas rápidas - simplesmente mostre que ouviu e entendeu a história deles, como balançar a cabeça enquanto eles falam ou combinar expressões faciais enquanto falam.

Simplesmente fazer uma pergunta pode muitas vezes reviver um diálogo estagnado. Um fator adicional a ter em mente ao fazer uma pergunta: a resposta potencial.
As calmarias na conversa geralmente ocorrem quando ambos os participantes esgotam um tópico. Se este for o seu caso, observe que agora pode ser uma oportunidade ideal para aprofundar a interação - pode ser apenas um sinal de que algo está pronto para mudar em termos de profundidade do diálogo - talvez tente praticar alguma divulgação mínima ou passe a discutir algo mais pessoal?

No entanto, embora seja sempre melhor manter as coisas fluindo de maneira suave e despreocupada, não deixe que a obsessão em preencher lacunas silenciosas se transforme em ansiedade ou desespero. Se você se sente ansioso e tenta desesperadamente dizer algo apenas para preencher o silêncio entre os turnos da conversa, sua própria ansiedade pode acabar fazendo exatamente isso!

Sejamos honestos: às vezes as conversas podem tornar-se estranhas e os silêncios surgem independentemente dos nossos melhores esforços para colmatá-los. Nem todo silêncio precisa ser preenchido e nem toda conversa será um exercício de inteligência e sofisticação - se as coisas parecerem estranhamente estranhas, talvez seja melhor encerrar a discussão graciosamente para que ela ainda possa ser revisitada em outro momento, quando a química puder ser diferente.

Mantenha-se sempre calmo e confiante, mantendo-se amigável e também enquadrando o final da conversa como algo lamentável: "Bom, foi uma boa conversa; infelizmente preciso ir embora agora; deseje-me sorte com sua apresentação na próxima semana e espero vê-lo algum dia." !"

Explorando minas terrestres de conflito

Até agora tudo bem. Mas o que acontece quando as conversas não correm como esperado e surgem divergências entre você e a outra pessoa? No cenário político volátil de hoje, os argumentos ideológicos parecem mais predominantes do que nunca, aumentando ainda mais os riscos - você sente como se a outra pessoa não ouvisse a "lógica", mas ela sente o mesmo por você!

Você já notou alguém mantendo duas crenças aparentemente incongruentes que não combinam? Este fenômeno é chamado de dissonância cognitiva: quando dois pontos de vista mutuamente contraditórios coexistem simultaneamente. Mas não espere que as pessoas (inclusive você!) parem de ter esses pontos de vista simplesmente porque você aponta uma dissonância cognitiva - em vez disso, elas podem continuar com seus pontos de vista independentemente.

Apegar-se ainda mais a crenças e conceitos que ajudam a formar a sua estrutura mental só pode reforçá-la ainda mais - mesmo que essas ideias pareçam irracionais ou irracionais.

Como podemos abordar a dissonância cognitiva? Bem, a primeira coisa é: reconheça isso dentro de você. Gostamos de acreditar que sempre fazemos sentido; ao reconhecer quando e por que nossos processos de pensamento racional não correspondem à perspectiva do outro, ganhamos mais compreensão. Além disso, aprenda quando alguém fala a partir de uma posição de dissonância cognitiva: desta forma você saberá quando alguém está fazendo declarações a partir desta posição de conflito ou dissonância cognitiva.

Eles parecem surpresos com as novas informações, mas continuam relutantes em modificar a sua posição em conformidade.

Eles não podem transmitir com precisão o seu ponto de vista.

Eles presumem que sua intenção ao falar com eles é maliciosa.

À medida que progridem, mudam os objectivos ou definições em conformidade.

As pessoas tendem a reagir com raiva e indignação ao serem acusadas de alguma coisa. Eles gritam ou ficam indignados quando alguém os confronta diretamente sobre alguma coisa.

As avaliações de caráter e identidade dão maior ênfase às suas qualidades únicas do que a qualquer argumento ou afirmação que você esteja fazendo.

Eles rapidamente se retiram da discussão sem fazer quaisquer concessões ou concessões.

O que acontece se você encontrar essas características em outras pessoas? Você deveria enfrentá-los diretamente e ir para a batalha? Absolutamente não! Essa pessoa provavelmente não defende os seus interesses de boa fé e, portanto, não pode envolvê-lo de forma eficaz através do debate; suas visões cognitivas dissonantes impedem qualquer diálogo significativo com você.

Relembrando a nossa regra de ouro da conversação, é importante manter este objetivo em mente: conectar, compreender e criar laços. Muitas vezes, quando estamos numa discussão (especialmente com alguém que se recusa a ouvir!), esquecemos este facto básico: cada conversa entre amigos, colegas e parceiros tende a ser mais emocional do que lógica.

Quando confrontado com a dissonância cognitiva, o melhor curso de ação é não se envolver num debate desnecessário com aqueles que não podem ou se recusam a ser convencidos do contrário; em vez disso, deveríamos trabalhar para construir novamente o relacionamento e encontrar maneiras de restaurá-los. Lembrar disso, lembrar do seu primeiro instinto pode muito bem estar certo!

As pessoas respondem desta forma devido ao medo - quando sentem qualquer ameaça à sua dissonância, farão o que for necessário para se defenderem e manterem a sua posição - forçar mais apenas irá fortalecê-las ainda mais e piorar os seus esforços de reconciliação.

Agora é a hora de parar de pressionar.

Da próxima vez que uma discussão chegar a esse nível, dê um passo para trás e reconecte-se. Um método poderia incluir contar uma piada inofensiva que provocasse risadas sem insultar diretamente sua personalidade; iluminar as coisas ao enviar a mensagem de que mesmo discordando, ainda havia respeito entre nós dois e você estava ouvindo; isto reduz os níveis de ameaça percebidos e diminuirá a sua capacidade defensiva.

Você está cansado de lidar com a atitude defensiva e a dissonância cognitiva dos outros? Inadvertidamente, convide você mesmo. Nesse caso, você pode, sem saber, estar convidando a atitude defensiva e a dissonância cognitiva por meio de sua atitude e abordagem. Especificamente, abordar aqueles que concordam com você (ou "passar para o seu lado") como prova de superioridade pode deixar as pessoas nervosas; da mesma forma, enquadrar o diálogo como jogos de soma zero, onde cada lado culpa um ao outro, é um caminho infalível para o conflito! Ser arrogante ou teimoso só inspira quem está ao seu redor!

Uma segunda mentalidade envolve pressionar, sem saber, as pessoas a se tornarem versões perfeitas de si mesmas e a viverem de acordo com seus valores imediatamente, ou correm o risco de perder a integridade. Digamos que alguém admitisse numa conversa sobre vegetarianismo que comer carne causa danos - provavelmente ficaria na defensiva se você exigisse que mudasse imediatamente a sua dieta de acordo com este novo entendimento; às vezes as pessoas simplesmente precisam de tempo para se recuperar!

A terceira mentalidade ocorre quando consideramos o comportamento passado das pessoas contra elas. Considere o seguinte: quando o seu interlocutor se torna um oponente, o acordo dele com você se torna uma admissão de derrota - quem iria querer isso?! Ao transmitir a ideia de que você pretende conquistá-los em vez de conectar, aprender ou compreender, isso coloca ambas as pessoas em guarda contra serem atacadas como oponentes e pode potencialmente levar à resistência de ambos os lados.

Quando você estiver envolvido em uma discussão cada vez mais acalorada, respire fundo e recoste-se. Observe seu corpo. Quando sua garganta aperta ou seu tom de voz aumenta repentinamente, isso pode ser a resposta natural de luta ou fuga do seu corpo; lembre-se de que você está apenas conversando e pare para se lembrar de que não é necessário ir além deste ponto.

Perceba naquele momento que, se você continuar na direção atual, é provável que ocorra uma falha na comunicação. Mas você tem uma opção; comporte-se de forma a priorizar a harmonia, a compreensão e o fluxo sobre os argumentos baseados no ego sobre quem deveria estar certo - assim que a mudança entrar em vigor, você perceberá que conversas reais podem começar a acontecer e são muito mais agradáveis!

Capítulo 5. Aumente seu CQ (Inteligência Conversacional).

Empatia e pontos cegos

A inteligência conversacional envolve mais do que simplesmente ser charmoso. Quantas vezes você se envolveu em conversas que não eram nada agradáveis, mas que pareciam bastante agradáveis do ponto de vista de outra pessoa? Eles podem pensar que são cativantes enquanto você pensa o contrário!

Pense em como às vezes essa dinâmica pode funcionar contra você!

Infelizmente, o que nos torna pobres em conversação é também o que nos impede de perceber o porquê: a inconsciência e o egocentrismo.

Você tem contado e perguntado bem, tentando ser interessante em vez de estar interessado? Ao tentar fazer com que outras pessoas concordassem com o seu ponto de vista, uma informação importante pode ter sido esquecida: elas não estavam gostando do que lhes estava sendo apresentado. Isso significa que você pode ter sido vítima de pontos cegos na conversa - onde alguém pensa que você está falando diretamente com ele enquanto na verdade conversa com outra pessoa sem nunca perceber qual é o verdadeiro problema... e você permanece inconsciente.

Autoconsciência, disciplina e prática são necessárias para evitar agir como se as conversas fossem simplesmente "monólogos na companhia de outra pessoa". Muitas vezes as pessoas falam umas com as outras sem perceber o fracasso do diálogo.

Seu personagem pode parecer encantador, mas isso pode não se traduzir na realidade! Isto pode ser facilmente explicado: ao se expressar e compartilhar suas opiniões com alguém, a dopamina é liberada e pode criar a falsa crença de que essa liberação de dopamina também é vivenciada por essa pessoa - dando a falsa sensação de que ela se sente feliz quando na realidade poderia estar sentindo-se entediado, alienado ou rejeitado! Podemos não perceber que seus níveis de dopamina não aumentaram, levando-nos a presumir que a outra pessoa sente o mesmo zumbido de autoexpressão, mas essa liberação de neurotransmissor de recompensa poderia facilmente nos causar. No entanto, enquanto nosso cérebro nos recompensa com dopamina, libera substâncias neuroquímicas semelhantes liberadas durante a rejeição ou dor física!

Seu ouvinte pode entrar em um modo involuntário de luta ou fuga e seus corpos podem começar a produzir cortisol, inibindo funções executivas (o córtex pré-frontal) enquanto a parte inferior do cérebro (amígdala) assume o controle; não presta mais atenção ou se envolve - e da sua perspectiva, isso pode passar totalmente despercebido... a menos que demonstrem empatia pela sua situação.

A empatia nos permite ver além de nossos pontos cegos e ficar atentos aos outros quando podemos ficar distraídos ou egocêntricos, e é por isso que a inteligência conversacional é fundamental para uma conversa eficaz. Embora o desenvolvimento exija prática, aqui estão algumas estratégias úteis que você pode tentar durante sua próxima conversa - todas exigindo a suspensão de suposições:

Comece reconhecendo que você pode ter pontos cegos na conversa; sempre que você pensar dessa forma, é uma evidência de que esse pode realmente ser o caso!

Outra dica importante é não fazer suposições de que outras pessoas compartilham seus pensamentos, crenças e perspectivas sobre qualquer coisa - especialmente em relação a algo que tenha valor para elas. Evite fazer suposições.

A conversa é sobre conhecer alguém novo; não presuma que você já os conhece ou conhece suas opiniões; faça mais perguntas em vez de fazer declarações!

Não presuma que todos veem as conversas da mesma maneira que você. Nossos objetivos e necessidades ao falar com outras pessoas podem ser diferentes; portanto, você não deve presumir que o entendimento deles é idêntico ao seu. As pessoas julgam com base em critérios diferentes quando falam com outras pessoas.

O sucesso pode ser percebido de diversas maneiras. Embora você possa ver as interações como oportunidades para compartilhar conhecimentos e interesses que possui, elas também podem fornecer a oportunidade de crescimento em um contexto profissional.

Como a outra pessoa está percebendo essa conversa e todos os fatos que você está contando a ela? Esta é uma informação crítica.
A empatia começa com a compreensão.
Muitas vezes presumimos que o que dizemos só pode ter um significado; na verdade, o significado só é adquirido quando é compreendido pelo ouvinte.

A conversa não está sendo transmitida; em vez disso, é co-criação. Portanto, se não estivermos nos conectando ou sendo ouvidos, algo pode ter dado errado nesse processo.

Contanto que os ouvintes entendam, ninguém deve assumir a responsabilidade. Em vez disso, precisamos nos adaptar.

Como já exploramos, desenvolver empatia conversacional é possível tomando consciência de quanto tempo ocupamos nas conversas e onde o foco recai (seja em nós mesmos ou nos outros). Para permanecer com a mente aberta e orientada para a descoberta, simplesmente force-se a substituir as afirmações por perguntas sempre que elas começarem a parecer muito prolixas - sempre que o impulso do seu ego surgir, simplesmente mude para ficar curioso sobre o mundo interior deles! Ouça com a intenção de conexão em vez de resposta - veja as interações como experiências lúdicas em vez de batalhas por domínio ou convencimento!

Experimente a técnica do "clique duplo". As páginas da Web geralmente apresentam hiperlinks que, quando clicados, abrem novas páginas com mais informações. As pessoas são semelhantes; imagine quase todas as frases que eles dizem sublinhadas em azul, mas inexploradas; "clique duas vezes" para pedir-lhes que elaborem mais ou se aprofundem no que lhe disseram.

Os narcisistas conversacionais usarão esses links como oportunidades para se gabarem de si mesmos. Em vez disso, corra o risco de que essa pessoa tenha algo que valha a pena compartilhar; afinal, você não acredita que tem coisas incríveis que deseja mostrar aos outros? Dê o presente para outra pessoa.
Outra técnica útil é fingir que você e a outra pessoa são alienígenas de mundos ou espécies diferentes, ou criaturas de espécies completamente diferentes. Todos habitamos universos internos muito diferentes, apesar de partilharmos normas culturais comuns. Dê um pequeno passo: suponha que eles moram em um lugar diferente de você; a partir daí, não faça mais suposições - simplesmente convide-os a compartilhar o que sabem com você com uma curiosidade grata e sem julgamento.

A inteligência conversacional e a empatia exigem prática e comprometimento, mas pode haver áreas nas quais você pode começar a trabalhar agora mesmo ou no seu próximo encontro social:

As conversas parecem debates para você e a sua opinião é tão rígida que não consegue sequer considerar outra perspectiva (para não dizer que concorda com ela, apenas reconhecê-la)?

Você costuma se sentir sobrecarregado em conversas por causa de ameaças, confusão ou raiva? Você já entrou em modo defensivo/protetor ao falar com outras pessoas? Considere como isso pode inibir sua capacidade de empatia.

Você ouve atentamente o que as pessoas dizem apenas para poder formar uma opinião sobre isso? Por outras palavras, as conversas tornam-se jogos de julgamento entre dois indivíduos, onde um deles gosta de separar as declarações feitas por qualquer um dos lados ou de revidar quando os seus são atacados?

Você está cometendo erros que mais tarde se revelam falsos? Você tem alguma suposição sobre as pessoas, apenas para depois perceber que eram falsas? Há alguma suposição que você mantém hoje que pode se revelar errada no futuro, mas nem sequer está ciente?

Verdade seja dita, todos nós temos pontos cegos na conversação; essa é apenas a natureza humana. No entanto, ao estarmos dispostos a examiná-los honestamente, damos-nos a oportunidade de nos lembrarmos porque é que a conversa existe: não simplesmente expandindo a nossa própria perspectiva, mas, em vez disso, estendendo a mão com uma curiosidade respeitosa para compreender as coisas do ponto de vista de outra pessoa.

Os seres humanos criaram a linguagem especificamente para comunicar através de fronteiras – para expandir além da nossa percepção individual e entrar no mundo de outras pessoas. Se este não fosse o nosso objetivo, poderíamos simplesmente olhar para dentro de nós mesmos!

Aprofundamento contínuo e antecipado

Embora conversar com familiares e amigos próximos muitas vezes possa levar a conversas pouco inspiradoras, às vezes os encontros mais ricos e significativos ocorrem com pessoas que você conheceu recentemente.

Kardas e Epley, publicados no Journal of Personality and Social Psychology de 2022, descobriram que conversas profundas e significativas com estranhos são extremamente valiosas – mais do que a maioria das pessoas imagina! As pessoas geralmente pensam que esse tipo de bate-papo com estranhos será estranho ou desagradável; no entanto, este pode não ser o caso!

Os pesquisadores emparelharam pessoas aleatoriamente e deram-lhes tópicos – incluindo medos e sonhos – para discussão. Antes de falar, pediram aos participantes que previssem como seria a conversa; a maioria estimou que discutir questões tão delicadas poderia ser estranho ou difícil para qualquer outra pessoa, mas depois do diálogo descobriram que realmente gostaram imensamente.

Para examinar melhor esta questão, outro estudo separado foi realizado onde tópicos típicos de conversa fiada, como TV e o clima, foram contrastados com um grupo discutindo assuntos mais profundos e significativos. Quando os dois grupos foram comparados entre si, os pesquisadores descobriram que ambos os grupos superestimaram o quão estranha seria sua conversa, ao mesmo tempo que subestimaram sua conexão; O grupo de conversação profunda superestimou o constrangimento mais do que o grupo superficial, mas sentiu-se mais conectado após as conversas do que o grupo superficial.

Então, o que podemos fazer com essas descobertas da pesquisa? Em primeiro lugar, pode valer a pena lembrar que tendemos a exagerar o quão estranhas as coisas serão quando conversamos sobre amenidades com estranhos; muitos podem presumir que são ruins em conhecer novas pessoas, quando isso pode ser apenas uma ficção que contam a si mesmos. Outra descoberta surpreendente pode ser que a sabedoria convencional em torno de conversa fiada nem sempre se aplica; pode haver outra explicação!
A princípio, chegar a pessoas que não conhecemos bem pode parecer intimidante ou complicado; na verdade, pode ser mais fácil e gratificante do que o esperado.

Se a ideia de conversa fiada o aterroriza, não entre em pânico: não há necessidade de expor seus segredos mais íntimos ou quebrar quaisquer normas sociais importantes; mas se assuntos superficiais sempre o incomodaram, permita-se discutir assuntos que sejam mais importantes para você e dê permissão aos outros para falar. Por sermos mais autênticos, humanos, vulneráveis (o que nos torna mais confiáveis e agradáveis), identificáveis, identificáveis - sem sentir que precisamos esconder quem realmente somos ou fingir - "conversa fiada" não precisa significar ser massivamente deprimente ou dominador qualquer conversa; pelo contrário, significa ser real!

Exemplos simples incluem responder honestamente quando alguém pergunta "Ei, como vai você?" quando estiver em um ambiente onde esta pergunta pareça apropriada; talvez respondendo com "Não sei, cara. Hoje parece um daqueles dias em que tudo parece se mover a uma velocidade exorbitante sem que haja progresso de qualquer maneira." Imagine o seguinte: no seu cabeleireiro, você diz ao seu estilista: 'Para ser sincero, sempre lutei contra a baixa autoestima, então, quando cheguei hoje para fazer um corte, não tinha certeza; mas você mudou completamente a minha percepção - você é realmente um estilista extraordinário e obrigado!" Ou em um ponto de ônibus vendo uma mãe com duas crianças cheias de energia passar; dizendo a um de seus companheiros ao seu lado "As crianças não são simplesmente incríveis? É difícil imaginar que algum de nós fosse tão inocente."

Um momento inesperado de sinceridade pode trazer alegria mesmo em situações mundanas. Embora possa parecer estranho no início, mostrar interesse genuíno no bem-estar dos outros deve se tornar parte da sua rotina com o tempo.

Considere isso como uma oportunidade – muitas vezes superestimamos o quão arriscado ou estranho algo será! - e fique surpreso com o quão acolhedores os outros serão quando você se abrir de maneira confiante e calma. De acordo com a pesquisa de Kardas e Epley, as pessoas tendem a acreditar que os outros se importam menos com elas do que realmente se importam, o que significa que a maior barreira para conexões genuínas pode ser a nossa suposição de que as pessoas não valorizarão o que realmente pensamos ou sentimos.

Portanto, aqui estão alguns itens importantes que você deve ter em mente ao abordar tópicos mais delicados com pessoas que você não conhece muito bem:

Evite reclamar. Ser autêntico significa abandonar a conversa superficial e ser você mesmo.

Honestidade muitas vezes significa ser vulnerável em relação ao lado menos que glorioso da vida, sem reclamar ou insistir em seus aspectos negativos. Então, em vez de dizer: "Ah, não, sou um fracasso!", diga: "Tenho lutado contra a baixa auto-estima".

Não faça exigências às pessoas. Compartilhar é bom, mas tente não apresentar sua vulnerabilidade e abertura como algo a que os outros se sintam obrigados a responder de determinadas maneiras. Ninguém gosta de ser confrontado por alguém com segredos profundos e depois exigir que ele os compartilhe também; da mesma forma, se as pessoas perceberem que você está apenas compartilhando algo pessoal para colocar outras pessoas em situações com as quais nunca concordaram ou para pressionar outras pessoas, isso pode parecer intrusivo e ofensivo.

Simplesmente diga algo honesto e genuíno, sem ultrapassar os limites - sem dar a impressão de que sua presença é necessária ou esperada!

Não pressione ninguém para responder de qualquer maneira específica ou a situação ficará estranha.

Nunca exagere. Um pouco pode ajudar muito e introduzir um pouco de humor pode realmente deixar as pessoas à vontade. Diga algo comovente antes de ser mais alegre depois - às vezes os momentos mais impactantes exigem um toque de alegria para equilibrá-los!

Previsão com leituras frias

A leitura fria é uma técnica infame empregada por "médiuns" e outros charlatões para dar ao público a impressão de que conhece os outros melhor do que realmente conhece. Essa tática utiliza observação encoberta, sugestão, desorientação, perguntas indutoras e suposições de alta probabilidade para fazer parecer que você quase consegue ler a mente do público; por exemplo, quando médiuns da TV afirmam "Estou saindo com uma pessoa idosa com problemas cardíacos - você pode ajudar?" ou diga coisas como: "Acho que alguém morreu recentemente? Posso ajudar?".
"Estou ouvindo um nome com D?" É quase garantido que haverá alguém na plateia que teve uma doença cardíaca em um ente querido mais velho, como o avô de Paul, Paul, que faleceu, então, quando esta afirmação é repetida por alguém dizendo que o perdeu devido a ataques cardíacos; os médiuns tendem a passar rapidamente por essa parte e afirmam que, em vez disso, podem ver o relógio de bolso de um homem, mesmo quando antes alegavam simplesmente ter visto pessoas ou nenhum nome específico foi mencionado.

Como você observa, cada detalhe pode se tornar uma oportunidade para uma investigação mais aprofundada. Preste atenção à linguagem corporal, aparência e gestos: talvez alguém continue dizendo "nós" em vez de "eu", ela está usando um colar com "M" mesmo que seu nome seja Ellie ou alguém esteja de pé enquanto todos os outros estão sentados.

Leituras frias requerem colaboração. Embora aqueles que estão lendo a frio possam não se sentir envolvidos, eles estão na verdade participando! Nas leituras frias, os participantes são convidados a fazer suas próprias conexões, contribuir com ideias e ajudar o leitor a fazer suposições ou descobrir maneiras de tornar essas suposições verdadeiras - explicando assim por que a leitura fria muitas vezes não funciona com indivíduos céticos!

Uma vez conversando, você testa algumas de suas suposições, refina seus relacionamentos e entrega a outra pessoa uma visão que pode parecer quase sobrenatural se bem feita.

Redirecionamento. Se feito incorretamente, entretanto, não deverá ser um problema; ser humano significa que você cometerá muitos erros que darão errado; quando isso ocorrer, simplesmente encolha os ombros rapidamente e afaste-se deles como se não tivessem acontecido e concentre-se no que está obtendo a resposta desejada - mágica!

Dê uma olhada neste diálogo comum onde táticas de leitura fria foram empregadas no primeiro encontro:

R: Antes de prosseguirmos, porém, deixe-me avisá-lo: sou excepcional em ler pessoas.
B: Sério? R: Sim - meio que tenho um sexto sentido quando se trata disso (fica quieto).

B: OK... Mostre. Quais foram suas primeiras impressões sobre mim até agora? Mesmo que tenhamos falado apenas brevemente, não julgue tão rapidamente...

R: Tem certeza? Como eu disse antes, minha precisão pode ser irritantemente precisa!

B: Não tenha medo. Não haverá nada de novo que você possa revelar sobre mim que seja desconhecido para mim.

R: Deixe-me começar. Parece que você é um indivíduo inteligente que reconhece a verdade pelo que ela é; no entanto, permanece algo dentro de você que anseia por aprovação e elogios.

B: Sim, isso pode ser verdade... eu não me descreveria como alguém que deseja nada...

R: Não, desejo é a palavra errada; o que eu quis dizer com esta afirmação foi que você não precisa da aprovação das pessoas, mas aprecia seus pensamentos.

B: Correto!

Embora este exemplo possa parecer artificial, com ambas as partes aparentemente envolvidas numa tentativa de leitura fria, da perspectiva de B, as observações de A devem parecer-lhe inesperadas. Como A fez isso?

Veja como funcionou:
Ele buscou ativamente colaboração. Nesse caso, ele disse que era bom em ler as pessoas antes de ficar em silêncio – ela então precisava avisá-lo. Da mesma forma, você pode dar uma dica para a outra pessoa ou definir o cenário dizendo coisas como: "Posso estar errado sobre isso, mas você é o tipo de pessoa que...?" Sua advertência também permite possíveis erros de ambos os lados.

Assim que se encontram, a conversa começa aparentemente do nada, mas a Pessoa A já havia feito inúmeras observações antes deste importante encontro. Poucos minutos depois de conhecê-la, a Pessoa A percebe que ela está usando um vocabulário complexo quando os mais simples seriam suficientes e vestindo um suéter com pequenos gatos realizando equações de álgebra; também observando sua tentativa de se vestir bem para o encontro. Ele especula que essa pessoa coloca a inteligência no centro de sua identidade enquanto usa tais medidas para causar uma primeira impressão impressionante nela e/ou em outras pessoas.

Ele percebe que ela pergunta o que eles pensam de mim em vez de "Que tipo de pessoa você pensa que eu sou?", algo que, combinado com a impressão inicial, cria algum atrito.
Ela parece ansiosa para que ele goste dela, o que sugere que ela investiu na avaliação dele. Depois de considerar cuidadosamente todas essas peças juntas, ele fez suas suposições: "Você parece muito inteligente; no entanto, ainda há uma parte de você que anseia por aprovação.

Ele acrescenta "vê as coisas como elas são" porque ela já havia afirmado: "Aposto que você não poderia me dizer nada que eu já não saiba sobre mim". Isto implica que ela acredita ter uma elevada autoconsciência; ainda assim, ao dizer de maneira brincalhona "Não estou com medo" e ao fazer o comentário "Aposto que você", ela estava criando um desafio brincalhão para ele; ela quer que ele adivinhe corretamente!

Não importa se ele está errado na sua avaliação da inteligência; todo mundo adora pensar que é inteligente, e a maioria concordaria com a ideia dele de que as pessoas precisam da aprovação dos outros. As declarações de Barnum fazem afirmações que parecem específicas, mas são tão generalizadas que quase todos concordariam com elas:

"Você geralmente é gentil e compassivo; no entanto, quando alguém o trai, você pode ficar muito irritado" (aqui você cobre todas as bases simplesmente não dizendo nada!)

"Aposto que sua casa tem uma gaveta grande cheia de lixo!" ou, mais provavelmente, você já teve problemas com familiares no passado.

"Você é um indivíduo bastante interessante, que pensa diferente da maioria. (Isso pode ser interpretado como uma tentativa de bajulação, mas, novamente, é algo mais genérico...)"

Observe as linhas finais do diálogo em que a mulher protesta pela leitura que ele faz dela como "desejo". Na verdade, ela não concorda com a leitura que ele fez dela, mas B agiu tão rapidamente para se corrigir que ela acha que ele acertou na primeira vez! Aqui, B age rapidamente: vendo que ela não gostou do que "desejo" implicava (carência e validação dos outros), B imediatamente responde isso a ela: "Não, desejo é a palavra errada – o que quero dizer é que você não Não preciso da aprovação das pessoas, mas não a exijo dos outros – o que quero dizer é que você não precisa da aprovação das pessoas – é exatamente isso que quero dizer." Imediatamente devolvendo isso a ela:
Aprecie isso. Ele age como se não tivesse cometido nenhum erro, mas sim sido mal compreendido - e funciona.

As técnicas de leitura fria usadas pela pessoa A são eficazes. A leitura fria combina suas observações em uma suposição ou hipótese fundamentada e a lança para ver o que volta - suposições de alta probabilidade com circuitos abertos podem funcionar particularmente bem aqui; preste atenção a tudo o que a outra pessoa diz para que você possa coletar o que ela diz em sua mente antes de compartilhar mais tarde, fazendo com que a outra pessoa se sinta vista e compreendida por suas técnicas de leitura.

A leitura fria em conversas depende muito da escuta atenta, pois seu foco cria intimidade. Embora não sejam psíquicos, os bons conversadores comprometem-se a estar hiperconscientes de tudo o que se passa com outra pessoa – na nossa sociedade narcisista isto pode até ser considerado psíquico! Lembre-se da intimidade e da conexão como seus objetivos, mantendo as coisas calorosas e divertidas para que a outra pessoa faça a sua parte e permita que vocês se conheçam melhor. Mesmo que a sua precisão de leitura fique aquém das expectativas, os principais fatores de sucesso aqui incluem entretê-los, deixá-los à vontade, mostrar-lhes o quão interessantes você os acha - simplesmente preste atenção e preste atenção!

O tempo é tudo e, às vezes, o segredo para ter uma conversa incrível é saber quando é melhor terminar. Você já se viu preso em uma conversa desagradável e desejou desesperadamente que ela acabasse? Eles também queriam sair?

Adam Mastroianni e colegas decidiram responder a esta pergunta em seu artigo de publicação de 2021 em Ciências Psicológicas e Cognitivas: E se todas as conversas se tornarem armadilhas porque pensamos que a outra pessoa quer que continuemos? Para este estudo, 932 conversas foram analisadas pelos participantes durante até 45 minutos de diálogo livre antes de serem questionados quando já estavam fartos. Mais tarde, perguntaram-lhes quando teria sido mais apropriado terminar.
Ninguém poderia saber quando o interlocutor queria que a conversa terminasse, então cada um ficou tentando adivinhar quando a conversa deveria parar.

Os resultados revelaram que as conversas muitas vezes não terminavam quando ambas as partes queriam! Apenas 2% relataram que as conversas terminavam quando queriam. Quase 70% queriam que fosse mais curto e a maioria queria que fosse reduzido em pelo menos metade. Os pesquisadores descobriram esse fenômeno.

As conversas raramente terminavam no horário desejado para ambos os conversadores, ou mesmo para um conversante, e a discrepância média entre a duração desejada e a real era de aproximadamente metade. Os conversadores raramente sabiam quando queriam que eles terminassem e subestimavam o quão diferentes esses desejos poderiam ser dos seus. Esses estudos sugerem que encerrar conversas é um problema de coordenação intratável que os humanos simplesmente são incapazes de superar, pois exige o compartilhamento de informações confidenciais entre si - levando assim a maioria das conversas a um fim abrupto sem que ninguém queira."

Então, o que está acontecendo aqui? Os pesquisadores teorizam que as pessoas ficam presas em tais conversas devido à nossa tendência de esconder nossos verdadeiros sentimentos, na esperança de não ofender a outra pessoa ao mostrar nossas verdadeiras emoções. Por exemplo, podemos estar pensando: "Oh, Deus, isso precisa acabar agora", enquanto aparentemente parecemos educados, dizendo coisas como:

"Oh? Que interessante! Conte-me mais." Não é de admirar que todos nós tenhamos dificuldade em prever quando outras pessoas querem que paremos de falar - já que muitas vezes escondemos isso tão bem!

Os pesquisadores descobriram que 64% dos indivíduos fizeram suposições incorretas sobre os desejos dos outros, nos dois sentidos. Como devemos responder? As pessoas tendem a gostar de conversas mais curtas. Mesmo quando envolvido, considere que você nunca saberá realmente como a outra pessoa se sente, pois ela provavelmente não envia sinais de qualquer maneira.

Esteja seguro ao encerrar uma conversa quando parecer apropriado, em vez de continuar falando quando achar que deveria terminar. O final antecipado pode realmente ajudar a criar um final mais forte e produtivo, deixando ambas as partes ansiosas para discutir mais em conversas futuras! E uma saída positiva pode deixar ambos ansiosos por um diálogo mais aprofundado em discussões futuras!
Não diga tudo ao se encontrar com pessoas. Deixe algumas coisas não ditas, crie alguma tensão e você poderá simplesmente deixar alguém fora de perigo!

Quando se trata de encerrar conversas, estar calmo e confiante é fundamental.

Quanto mais firme e relaxado você estiver, mais suaves serão as coisas.

Passo 1: Aguarde o momento certo. Fique atento a qualquer momento em que um tópico da conversa tenha morrido, mas outro ainda não tenha ganhado velocidade, ou quando algo interessante ainda não tenha surgido na conversa. Não interrompa ou force nada; em vez disso, espere até que a conversa desapareça naturalmente por conta própria e termine quando chegar a hora de encerrá-la.

Etapa 2: comece com uma nota otimista. Assuma um tom otimista, fazendo elogios que encerram e resumem sua conversa, como dizer o quanto você gostou de conversar ou algo novo que aprendeu com eles - caso contrário, encerrar até mesmo uma discussão malsucedida pode parecer uma rejeição.

Etapa 3: dê uma desculpa. Isso não precisa ser longo ou complicado; simplesmente comunique que há um motivo alternativo para você encerrar o diálogo do que "Estou cansado de você agora". Isso demonstra cortesia e tato de ambas as partes.

Passo 4: Desengate firmemente. Depois de indicar seu desejo de encerrar a conversa, tome uma atitude decisiva - esperar só pode tornar as coisas estranhas ou deixar os outros nervosos. Afaste-se dessa pessoa de uma forma abrupta, mantendo-se amigável, caloroso e aberto - apenas lembrando-se de sorrir enquanto faz isso.

Digamos que alguém resuma uma anedota explicando "e foi assim que acabamos escolhendo esse nome para nossa filha!" e você responde: "Uau. Mesmo assim, acho que você escolheu sabiamente. Rebecca é um nome elegante." Vocês dois ficam ali balançando a cabeça e sorrindo por um tempo, até que um ou ambos percebam que chegou a hora de eles partirem; depois disso, torna-se necessário que outra pessoa fale; retome rapidamente ou desvie a conversa, sugerindo: "Tem sido muito bom conversar, sempre esqueço como nossas conversas são divertidas! Mas talvez pudéssemos nos encontrar mais tarde; talvez em uma reunião do PTA neste fim de semana?" Eles só precisam sorrir e responder com um "claro!" e eles vão embora antes que qualquer uma das pessoas vá embora - não há problema!

Vamos encerrar nosso livro onde ele começou: com o conceito de charme. O que exatamente significa charme? Como vimos, muitos de nós deixamos de ser charmosos simplesmente por termos uma compreensão incorreta do que realmente significa ser charmoso; por exemplo, pensar que carisma e charme significam coisas completamente diferentes.

No momento certo, dizemos o que é necessário, engraçado ou espirituoso.

Somos intelectuais e impressionamos os outros com nossos insights e opiniões brilhantes.

Parecemos confiantes, atraentes e carismáticos. Oferecemos entretenimento.

Mas qualquer "gênio conversacional" discordaria. Em vez disso, eles diriam que o que torna alguém charmoso é sua capacidade de ouvir, estar presente e curiosamente curioso - nada mais importa quando se trata de puxar conversa! E ainda assim pode ser complicado...

Não há necessidade de parecer esperto ou super descolado e confiante - já há gente suficiente expressando suas opiniões e expressando-as em todos os lugares; basta olhar em qualquer site de mídia social, canal de notícias, livro ou revista e assistir TV -

pessoas em todos os lugares tentando ser divertidas, interessantes ou intrigantes... e quem se importa!

As pessoas que tendemos a apreciar mais são aquelas com quem sentimos que podemos construir conexões genuínas, calorosas e emocionantes. Qualquer um pode fazer isso; bastam alguns truques de bom senso, ajustando a mentalidade gradualmente... e prática!

Escuta Ativa A escuta ativa é uma das habilidades de conversação mais fortes que você pode possuir, pois desenvolve respeito e preocupação com os pontos de vista dos outros, ao mesmo tempo que simplifica o processamento de informações complexas por meio da escuta passiva. A escuta ativa também agiliza a comunicação, ajudando você a entender quais são as necessidades de cada um - isso leva a menos cautela nas respostas à medida que você obtém uma visão sobre quem precisa do quê.

Ao mesmo tempo, devemos deixar de lado o nosso ego para realmente ouvir e compreender o que outra pessoa está nos dizendo. Este processo de escuta ativa envolve múltiplas partes da nossa mente na compreensão do que nos está sendo comunicado.
Os terapeutas são excelentes exemplos de escuta ativa. Eles ouvem com atenção e com um propósito claro quando ouvem os seus clientes, encorajando-os a serem abertos e claros quando algo que ouvem parece pouco claro ou incerto.

Os terapeutas empregam técnicas de reafirmação e esclarecimento e pedem que seus pacientes elaborem. Seu principal objetivo é fazer com que os clientes se sintam à vontade enquanto se comunicam por meio da contemplação, da linguagem corporal clara e do espírito empático - esses fatores impulsionam os profissionais da terapia!
Como ouvintes profissionais, o seu objetivo é claro: ouvir os clientes. Podemos dizer o mesmo sobre nós mesmos quando ouvimos os outros?

A escuta ativa envolve diversas respostas e perguntas específicas que você pode implementar imediatamente em suas interações com os palestrantes, todas projetadas para garantir que eles sintam que você compartilha suas emoções e estão no mesmo plano emocional. Caso contrário, de que adianta ouvir se tudo o que faz é ficar dentro da sua cabeça, em vez de ser comunicado a eles?

A escuta ativa começa com a compreensão; portanto, o primeiro passo deve ser entender o que outra pessoa está nos dizendo em sua fala. Se eles falarem a mesma língua que nós, esse processo deverá ocorrer de forma bastante rápida e sem esforço.

Também podem existir outros obstáculos: por exemplo, usar jargões ou gírias desconhecidas; diferenças no status geracional ou na cultura que não compreendemos totalmente; ou ter compatibilidade emocional para saber quais são suas necessidades e desejos naquele determinado momento. Para ser mais eficaz, certifique-se de estar no mesmo plano emocional do orador antes de iniciar a conversa.

Se não entendemos o que alguém está dizendo, uma excelente forma de obter clareza é perguntar: "Você pode explicar como se eu tivesse cinco anos?" Uma criança de cinco anos consegue manter conversas, mas precisa que cenários mais complexos sejam explicados lentamente, usando palavras que já entendem. Pedir-lhes que descrevam as coisas como se você fosse muito mais jovem pode ajudar a aliviar o medo de parecerem condescendentes ou paternalistas.

Outras declarações que você pode precisar de ajuda para entender:

"O que aconteceu?" "Conte-me sua história." "O que você quer dizer?" "Explique-se." "Você pode esclarecer essa parte para mim?"

Não tenha medo de parecer ininteligível ou interrompido. A maioria das pessoas gosta de sentir que sabe a resposta; todos nós possuímos especialistas com base em nossas próprias experiências. Na verdade, às vezes ser franco sobre quaisquer mal-entendidos que possa estar enfrentando pode ajudar a fortalecer relacionamentos e nos ensinar novas lições! Pode até ser benéfico se você encarar isso como uma oportunidade de ouvir com mais atenção para poder aprender!

Contenção. Reter informações significa mais do que simplesmente relembrar o que acabou de ser dito; em vez disso, significa ouvir atentamente o que o orador está tentando comunicar para que possamos responder com eficácia. Você está buscando toda a história aqui, além de simples fatos ou eventos - colocar-se o mais próximo possível do lugar deles, fazendo perguntas relevantes, é fundamental aqui.

À medida que ouvimos, as nossas mentes muitas vezes tendem a reter apenas detalhes que ressoam de forma mais pessoal ou que se enquadram na forma como estamos habituados a recordar informações. Mas esta abordagem de ouvir pode ser enganosa na tentativa de nos tornarmos melhores ouvintes.

Exemplo: se alguém nos conta sobre um encontro em que foi, podemos nos lembrar de detalhes específicos desse evento (a que restaurante ou cinema foi; se houve ou não comida envolvida); ou poderíamos lembrar narrativas mais gerais (que personalidade o outro tinha; como ele "sentiu", quão semelhante ou diferente de datas anteriores ele pode ter sido).

Inconscientemente, podemos escolher fragmentos de narrativas que ressoam em nós, construindo internamente uma versão alternativa para nós mesmos. Você pode ter experimentado isso em primeira mão; ao compartilhar algo com alguém e essa pessoa se apega a um aspecto que não fazia parte do seu plano. É certamente uma forma eficaz de "ouvir sem ouvir".

A conversa muitas vezes pode se tornar unilateral, com cada parte tentando encontrar maneiras de expressar o que pensa e expressar suas opiniões. Embora isso seja natural e esperado, a escuta ativa exige que deixemos de lado nossos egos e nos concentremos em ouvir o que a outra pessoa tem a dizer diretamente - não interpretando as palavras dela através de suas lentes, mas somente delas.

As perguntas podem ser uma excelente forma de enquadrar as coisas e manter o foco nas palavras e ideias dos outros. Para garantir que você capture todos os dados necessários, tente perguntar:

O que isso significa para você?"

"Só para ficar claro, o que aconteceu a seguir?" "Espere, como ela abordou isso?" "Como isso se encaixa na história?" "Como aquilo fez você se sentir?" e "Qual foi sua reação?"

Respondendo. A escuta ativa requer a participação ativa dos ouvintes que tentam responder de maneira inteligente e apropriada; caso contrário, os oradores poderiam encontrar-se falando num vazio. Ao contrário do que alguns podem acreditar, ouvir é tudo menos passivo! Uma resposta apropriada mostra nossa preocupação com o que nosso interlocutor está discutindo.

Supondo que você esteja ouvindo, compreendendo e retendo ativamente as informações que lhe são apresentadas; fornecer uma resposta apropriada demonstra sua compreensão. Imagine falar com alguém e não saber se essa pessoa entende a língua que você fala. Ela não mostra nenhum indício de compreensão; você se sente ouvido? É por isso que uma resposta deve ser fornecida.

Tal como acontece com a retenção, é crucial que as nossas respostas não reflitam o nosso próprio ego ou ideias; você deve evitar responder de maneiras que sugiram que você está tentando orientar, manipular ou interpretar a conversa de uma maneira que lhe convenha ou impulsionar uma agenda de qualquer tipo. Em vez disso, tente compreender os sentimentos e opiniões das outras pessoas sem preconceitos de sua autoria; seja objetivo ao responder.

Orador A: Sim, é por isso que não gosto de ir a jantares.

Entrevistado B: Isso parece loucura! Você ficou chocado ou perturbado quando o homem saiu do bolo?

Orador A: Nem tanto sobrecarregado quanto desapontado; Eu esperava algo mais sofisticado da Liga da Temperança. Entrevistado B: Deve ter testado muito a sua paciência?

Orador A: Mostrou algumas melhorias; além disso, porém, mostrou-me a importância de estabelecer limites para o meu orçamento de entretenimento.
As respostas na escuta ativa devem refletir o que foi dito pelo orador. Eles devem demonstrar um interesse profundo nos pensamentos e emoções de seu parceiro, em vez de oferecer nossas próprias opiniões ou pontos de vista; boas respostas na escuta ativa ajudam ambas as partes a se descobrirem mais plenamente.

Responda aos pensamentos e sentimentos do seu parceiro em vez dos fatos - reafirmar o que ele disse muitas vezes pode ser suficiente para responder com eficácia. Faça isso reafirmando o que foi dito usando suas próprias palavras. Tente permanecer dentro da perspectiva deles ao responder; adicionar sugestões ou ideias que não tenham relação com as circunstâncias atuais pode ser muito perturbador ou abrupto para eles. Por fim, tente não oferecer opiniões que contradigam ou vão contra o que seu parceiro está lhe dizendo até compreender completamente tudo o que ele transmite; mesmo assim, mantenha os julgamentos fortes sob controle.

As respostas positivas da escuta ativa podem incluir:

"Sua história me intriga.

"Essa parece ser uma situação _______."

"Eu entendo os seus sentimentos.

"Posso sentir que você sente que algo precisa mudar; o que você gostaria de ver acontecer?"

Você se sente bem nesta situação?"

A escuta ativa implica tentar compreender e absorver plenamente o ponto de vista ou a experiência de vida daqueles que falam, e aplicar essa informação de uma forma construtiva que possa levar a um maior conhecimento ou percepção. Você quer mostrar aos outros que entende o mundo deles do ponto de vista deles; para fazer isso, empregue com sucesso uma ou mais destas técnicas:

Reafirmar ou parafrasear os sentimentos do seu parceiro com suas próprias palavras pode ser uma excelente maneira de melhorar a compreensão. Não repita simplesmente o que eles disseram; mostre que entendeu o que estava sendo expresso mostrando que entende sua essência - isso pode servir como forma de resposta de apoio!
Conforme discutido anteriormente, isso demonstrará sua consciência e comprometimento. Se eles detectarem alguma discrepância entre o que você disse, as expectativas deles e a sua compreensão, provavelmente o corrigirão de forma rápida e aberta.

Fiquei impressionado e intimidado por aquela situação.

Você: Deve ter parecido uma situação muito assustadora; deve ter sido difícil saber a melhor forma de responder.

Reflexão. Uma nova maneira de reafirmar é basear sua resposta em emoções, e não em eventos ou pontos da história. Refletir dá ao seu ouvinte a confiança de que ele sabe que você entende melhor a história dele, mostrando que você pode acessar suas emoções diretamente; pergunte-lhes diretamente que emoção está despertando dentro deles!

Meu pai me disse o tempo todo que eu não entraria naquela faculdade.

Você: Isso parece terrível e parece um ato de rejeição. Resumir intencionalmente é outra opção para ajudar a explicar a narrativa de um orador de forma mais completa.

Reafirmar de uma forma acessível e concisa que mostre a sua compreensão de toda a situação pode ser como reafirmar; mas em vez disso você deve buscar uma visão geral mais ampla. Reafirmar é semelhante a reafirmar, mas deve fornecer mais um teste de compreensão, uma vez que muitos pontos e argumentos podem ter sido mencionados enquanto você poderia ter perdido a noção de sua emoção, ação ou propósito central.

Você é: O padeiro confundiu seu pedido, o jantar queimou e mandaram um hipnotizador em vez de um palhaço para a festa de aniversário do seu filho? Certamente eu ficaria com raiva!

Rotular emoções. Muitas vezes, ao falar com outra pessoa, os palestrantes ficam atolados nos detalhes físicos do que estão discutindo com você. Tente ser sensível enquanto tenta identificar quaisquer emoções que eles ainda não foram capazes de articular. Fazer isso não deve ser difícil - simplesmente declare sentimentos positivos ou negativos quando necessário - por mais que rotular com precisão a emoção de alguém fará com que você pareça um médium; apenas certifique-se de não exagerar ou injetar ideias pessoais no assunto.

Meu chefe se desculpou profusamente por ter deixado de prestar mais atenção ao meu trabalho, garantindo-me que de agora em diante ele lhe daria toda a atenção.

Você: Uau, isso deve fazer você se sentir muito aliviado e fortalecido - talvez até um pouco arrogante?
Sondagem. Para obter maior compreensão e significado daqueles com quem você fala, faça perguntas importantes que extrairão deles níveis mais profundos de percepção e compreensão. A maioria das pessoas gosta de responder a suas perguntas bem formuladas e não muito presunçosas quando sonda alguém. Ao adivinhar como as pessoas se sentem, suas reações e desejos, ou simplesmente manter sua linha de pensamento avançando em conjunto - a previsão mostra seu engajamento enquanto, ao mesmo tempo, acompanha sua linha de pensamento - a previsão pode demonstrar que você se preocupa profundamente com o bem-estar delas e deseja experimentar suas emoções ao lado deles!

Como foi quando aquela mulher repreendeu seu filho no supermercado? E como você planejava responder?

Silêncio. Às vezes, o silêncio pode falar muito com mais eloquência do que as palavras. O silêncio permite a cada participante uma pequena janela de tempo para refletir e reunir-se e aos seus pensamentos, ao mesmo tempo que ajuda a reduzir a tensão causada por uma interação intensa ou infrutífera.

Eles: Foi quando decidi que o paraquedismo não era minha preferência - principalmente quando está relacionado ao trabalho.

Você mesmo:
Não pregar, dar conselhos não solicitados ou oferecer garantias desnecessárias. Ninguém.

Ninguém gosta de ser colocado em segundo lugar, o que pode fazer com que os oradores sintam que precisam encerrar uma discussão mais aprofundada.

Eles: E o pior de tudo, ele não consegue se lembrar de abaixar a tampa do vaso sanitário.

Criticando você: Em retrospectiva, foi seu erro permitir que ele entrasse em seu banheiro.

Conselho não solicitado: Seria sensato você bloquear o banheiro até que ele aceite suas exigências.

Assegurando-lhe de forma tranquilizadora: não se preocupe com isso; amanhã traz oportunidades incríveis.

Questionando de forma direta e aberta Para demonstrar sua preocupação com o bem-estar de seu parceiro, faça perguntas não binárias sobre a experiência dele. Ao fazer isso, você mostra que você está ansioso por sugestões, ao mesmo tempo que permanece mais do que simplesmente orientado para os fatos em relação às situações em questão.

Depois de gastar centenas em multas e taxas de estacionamento, percebi que o estacionamento paralelo exigiria mais trabalho de nossa parte.

Como isso afeta você: como seus sentimentos são afetados por isso? Que planos você tem para aprender, onde planeja fazê-lo e que resultados espera com isso?

A escuta ativa requer muita dedicação e prática - mesmo para pessoas que se consideram especialistas nisso! Mas as suas recompensas podem ser profundas: a verdadeira compreensão, o fluxo de informação mais fácil e o maior respeito são apenas alguns dos benefícios obtidos com a sua prática regular. Com a escuta ativa, tentamos desenvolver o hábito de nos tornarmos conscientes das emoções das outras pessoas enquanto suprimimos as nossas.

Distribuindo
Todos nós conhecemos aqueles sabe-tudo irritantes; aqueles indivíduos "tecnicamente corretos" que se gabam ou se exibem. Mas uma boa química conversacional não depende apenas de fatos impressionantes; em vez disso, forma-se entre pessoas com base na experiência emocional e não apenas no conteúdo que é trocado.

A auto-revelação pode ajudar mais pessoas como você. A auto-revelação refere-se à divulgação de informações sobre si mesmo que aumentam o interesse e o investimento emocional dos outros em você, tornando as pessoas mais próximas e mais abertas para se compartilharem. A auto-revelação funciona porque faz você parecer um ser humano tridimensional com quem os outros podem se identificar e se sentir confortáveis; quando outros também se revelam - e é assim que as conexões reais começam.

Já experimentou isso antes? Talvez. Talvez o seu relacionamento fosse, na melhor das hipóteses, casual, mas de repente tomou uma espiral ascendente quando uma ou ambas as partes tomaram medidas para se revelarem emocionalmente e se abrirem mais - no entanto, isso geralmente não acontece imediatamente; então, como no primeiro princípio do negócio, alguém precisa iniciar essa mudança dando o primeiro passo e iniciando a mudança por conta própria.
Ao compartilhar informações sobre você para encorajar outra pessoa a se revelar mais livremente, você pode aumentar a probabilidade de ela mesma fazer o mesmo.

Infelizmente, você se depara mais uma vez com a responsabilidade de criar simpatia entre seus colegas.

Compartilhe mais
Agora é o momento em que pode ser um desafio decidir quais informações revelar sobre você, desde informações demais (TMI) que podem alienar as pessoas até peças benéficas e privadas que aumentam a simpatia (por exemplo: manter algumas coisas escondidas). As pessoas tendem a errar e parecer misteriosas e confiantes (lembre-se de "cara legal") quando se trata de compartilhar mais.

Por mais surpreendente que isso possa parecer, geralmente quanto mais você divulga, melhor para sua simpatia. TMI (muita informação) pode realmente aumentar a simpatia porque é assim que os amigos se conectam; compartilhar demais sem vergonha ou inibição é, na verdade, visto como um sinal de proximidade, confiança e familiaridade entre dois indivíduos; na verdade, um antigo conselho sugere agir como se alguém já fosse seu amigo para estabelecer novos relacionamentos - dessa forma, deixamos de ser cautelosos e autocensurados para sermos nós mesmos, revelando nosso verdadeiro eu e escondendo essas falhas!

Então, mesmo que você sinta que está entrando no território do TMI, isso ainda é melhor do que não revelar nada - desde que as pessoas se lembrem de você como genuíno, incomum e digno de nota - em outras palavras, humano é melhor que perfeito!

Socializar pode ser intimidante. Sempre existe o medo, seja real ou percebido, de ser julgado e reprovado. Podemos involuntariamente erguer muros à nossa volta em resposta a esta ansiedade; não querer parecer muito emotivo ou fraco - mas o compartilhamento insuficiente apresenta você como tímido em vez de confiante, deixando uma versão pouco inspirada de si mesmo que as pessoas esquecem facilmente - algo que muitos acham desagradável naquelas pessoas cuja personalidade permanece muito genérica e branda, apesar das aparências iniciais; talvez eles detectem que toda a sua personalidade não emergiu completamente?
Compartilhe o que está em sua mente. TMI (informação fina como tecido) pode incluir encontros sexuais e/ou opiniões que são consideradas controversas pela sociedade em geral; embora a conversa educada não permita esses tópicos, as amizades próximas muitas vezes quebram essa regra e, portanto, o compartilhamento excessivo de informações que você normalmente não compartilharia pode dar mais vantagem e criar simpatia com as pessoas. Uma vez que alguém concorda com seu ponto de vista e parece aberto a fazer amizade com você, você pode abrir as comportas, por assim dizer.

Assim que você revela mais de si mesmo para outra pessoa, mais pontos de conexão são gerados entre você e essa pessoa. Revelar coisas de que você gosta ou não gosta permite que outras pessoas se relacionem e pode criar oportunidades para formar conexões que se baseiam nas semelhanças ou diferenças entre si. Assim que você revelar preferências, opiniões, amores, ódios, gostos, desgostos, sensibilidades, memórias, emoções, pensamentos, anedotas, etc., se parecer demais, então zombe de si mesmo, zombando de si mesmo ou revelando um segredo embaraçoso ou compartilhando um ultrajante, mas geralmente opinião ou memória inofensiva... se tiver como alvo alguém, então deve ser sempre você mesmo assim!

Imagine-se em uma festa conhecendo pela primeira vez pessoas que você não conhece muito bem; normalmente isso pode ser assustador e causar sentimentos de constrangimento e rejeição por parte desses estranhos. Ao usar as dicas deste livro, no entanto, você pode usar histórias sobre pesca, anime e tricô – hobbies aparentemente não relacionados – como iniciadores de conversa para compartilhar mais sobre você, seus interesses, reações a situações e personalidade em geral.

Todos na sala que gostam de uma dessas três coisas (ou que simplesmente entendem sua perspectiva sobre um evento) agora podem se conectar com você, iniciando uma conversa sobre esse ponto em comum. Bastou fornecer mais detalhes ou contar uma narrativa pessoal - não há necessidade de arriscar divulgar informações confidenciais! Imagine o seguinte: forneça três detalhes ou frases onde você normalmente responderia com apenas uma, para aumentar a auto-revelação. Mesmo que seu fim de semana tenha sido monótono, cite três detalhes para que as pessoas tenham algo com que trabalhar, se necessário. Embora isso possa parecer estranho no início, pode ajudar a mostrar o quão pouco você revela de si mesmo para outras pessoas.

Compartilhando suas emoções. As emoções são poderosas porque são universais. Todas as pessoas em todo o mundo, desde os americanos aos aborígenes australianos e aos povos africanos, partilham emoções, reacções e expressões faciais semelhantes - estudos científicos até confirmaram este facto! Todas as culturas ao redor do mundo podem reconhecer o que sorrisos e carrancas significam em outras culturas – mais uma prova de que todos os humanos sentem e expressam emoções de forma semelhante.

Portanto, expressar e divulgar suas emoções aos outros é uma maneira infalível de criar vínculos entre as pessoas. Através da expressão, desbloqueamos canais de comunicação primordiais, universais e não-verbais; tornar-se mais humano e identificável ao compartilhar nossos sentimentos; outros se sentem mais à vontade para expressar os seus, bem como para concordar ou discordar dos seus, quando você ousa ser aberto sobre os seus. Compartilhar com liberdade e confiança comunica que está tudo bem para eles se expressarem livremente conosco também - como falar sobre como algo nos deixa felizes ou tristes - isso inicia conversas que levam a diálogos mais profundos do que antes!

Aproveitar emoções que outras pessoas tendem a não compartilhar pode ser especialmente eficaz na criação de conexões fortes com elas. Por exemplo, compartilhar o quão satisfeito alguém está com a felicidade do recém-casado provavelmente obterá respostas positivas, mas talvez as pessoas reagissem melhor se você compartilhasse uma história divertida, mas embaraçosa, de algo inesperado que aconteceu em sua vida. Todos usamos máscaras sociais; ao mostrar algumas emoções que mostram às pessoas o verdadeiro ser humano por trás dessas máscaras, você alcançará conexões muito mais profundas.

Compartilhe histórias pessoais. Fazer isso ajuda você a parecer mais real e tridimensional; embora possamos nos sentir diferentes às vezes.
Todos os dias enfrentamos circunstâncias e lutas semelhantes. Desde escovar os dentes e detestar acordar, até trabalhar ou algum tipo de projeto. Muito provavelmente você tem alguma parte da história de sua vida com a qual as pessoas podem se identificar; isso os ajuda a se sentirem mais próximos de você e também a rir de como também passaram por provações semelhantes; muitas vezes isso os leva em sua própria jornada de compartilhar histórias inspiradas nas suas!

Simplesmente falar mais e compartilhar coisas que você normalmente não compartilharia é a chave para se tornar mais autêntico e espontâneo com os outros, criando mais conversas do nada. Pensar em voz alta também ajuda - apenas fazer mais barulho pode aumentar o número de ideias que fluem do seu cérebro ao mesmo tempo!

Pode ser assustador: você provavelmente foi ensinado desde a infância a ser reservado e reservado, mas agora você se vê contrariando anos de ensinamentos ao compartilhar mais sobre si mesmo do que é confortável para você. Podem surgir preocupações de que outras pessoas possam achar sua história muito pessoal, assim como se perguntar se alguém se importa com qual pode ser sua opinião ou história estranha; mas na verdade as pessoas respondem de forma muito positiva quando os outros se abrem mais, pois isso proporciona um convite a mais genuinidade e descontração entre os pares; você terá mais sucesso em capturar a atenção deles, construir laços e se divertir, simplesmente compartilhando mais de si mesmo!

Porém, ainda deve-se tomar cuidado para não ofuscar o fluxo da conversa, colocando toda a ênfase em você mesmo. Todas as regras padrão ainda se aplicam: ouvir, fazer perguntas e compartilhar, em vez de aproveitar todas as oportunidades para falar em público. Só então o compartilhamento adicional não é apropriado – por exemplo.

interrompendo a história de outra pessoa para que você possa compartilhar mais! Sem julgamento

Se você ainda está indeciso sobre divulgar mais detalhes pessoais em situações sociais, aqui estão alguns estudos que comprovam seus benefícios.

Hilton e Fein realizaram uma investigação em 1989 para compreender o que leva as pessoas a fazer julgamentos, suposições e avaliações estereotipadas sobre os outros. Por que alguns indivíduos foram tão rápidos em tirar conclusões precipitadas sem investigação suficiente dos fatos ou razões?

Os pesquisadores descobriram que quando as pessoas não tinham informações sobre um assunto ou pessoa, seus cérebros começavam a preencher todas as lacunas com estereótipos estereotipados de representações gerais. Se eu descrever alguém como pertencente a um clube de campo, dirigindo um carro caro, jogando tênis e gostando de lacrosse, então é provável que você forme uma imagem em sua cabeça de alguém assim; quase como se projetássemos nos outros os nossos preconceitos e suposições – quanto mais vaga a imagem se torna, mais espaço resta para interpretação pessoal!

A pesquisa de Hilton e Fein revelou que apenas fornecer detalhes aleatórios sobre um indivíduo poderia reduzir os estereótipos, aumentando a confiança entre as pessoas, ajudando assim a transformar os indivíduos de representações estereotipadas de grupos em indivíduos únicos; quando existe informação limitada, tendemos a assumir que todos correspondem perfeitamente ao que é descrito como as suas representações estereotipadas.

Uma vez que obtemos mais informações sobre alguém em qualquer aspecto, percebemos que não podemos defini-lo apenas por uma ou duas características e, assim, paramos de estereotipar e julgar. Você pode fazer com que as pessoas gostem mais de você, estereotipar menos você e investir mais emocionalmente, fornecendo detalhes aparentemente inconsequentes sobre sua vida - como dizer que gosta de anime, tricô e pesca; fornecer tais detalhes pode ajudar bastante a cancelar suposições que as pessoas fizeram sobre os fãs de anime que podem ter suposições desfavoráveis; isso pode ajudar as pessoas a perceberem: "Ah, não há estereótipo; aqui reside uma pessoa complexa!"

As pessoas costumam ver o TMI como uma gafe social desconfortável; no entanto, na verdade, pode torná-lo mais agradável e confiável. Considere quem você prefere como conhecido – alguém sereno, altamente realizado e emocionalmente sintonizado – vs. alguém que concorda em compartilhar falhas pessoais e ao mesmo tempo é confiante o suficiente para expressar opiniões sem desculpas? É claro que seria preferível que essas informações sobre você fossem positivas e não neutras!

Ao compartilhar informações aparentemente triviais sobre você, você ajuda os outros a sentir que o conhecem e a parar de fazer suposições sobre quem você é. As pessoas ficam menos desconfiadas e mais dispostas a dar o benefício da dúvida ao lidar com você - em outras palavras, você se torna menos uma ameaça e mais um conhecido! Fornecendo a mais e mais pessoas insights sobre si mesmas à medida que as pessoas começam a confiar mais em você - transformando você mais em um amigo!

Não importa se os detalhes que você compartilha dizem respeito diretamente à sua identidade, carreira, natureza não ameaçadora ou vida; até mesmo detalhes aparentemente irrelevantes, como preferência de marca de óculos e preferências de cores, podem ser inestimáveis para dissipar estereótipos e suposições sobre você por parte de outras pessoas. Ao ter mais detalhes disponíveis sobre você, é menos fácil que as pessoas possam julgá-lo e estereotipar você devido à falta de suposições e estereótipos feitos sobre elas.

E se, por exemplo, soubéssemos que alguém que joga ténis e pertence a um clube de campo saiu da pobreza quando criança, antes de frequentar a faculdade com uma bolsa de ténis, de conduzir um veículo antigo e de preferir burritos como alimento? Isso alteraria nossa visão sobre eles? Definitivamente. Em vez de estereotipar e generalizar mais suposições sobre eles, como foi feito antes, com menos informações que agora possuímos sobre eles, nossa compreensão irá agora superar qualquer estereótipo ou generalização em que eles se encaixem e, em certo sentido, isso deve tornar impossível encaixá-los em qualquer categoria ou generalização impossível. - pessoas te julgando pelo que não veem e vice-versa!

As pessoas se tornam personagens tridimensionais assim que mais informações ficam disponíveis para nós; não são mais biografias planas de personagens de filmes, mas parte de uma narrativa intrigante que é convincente e emocionante. Nossa compreensão se aprofunda e, eventualmente, entendemos que os humanos são amálgamas complexos, incapazes de se encaixar perfeitamente em qualquer estereótipo ou caixa; na verdade, você não fez nada particularmente notável, nem forneceu quaisquer dados ou insights pertinentes ou necessários.

Compartilhar demais para aumentar a simpatia ajuda as pessoas a sentirem que conhecem lados diferentes de você, e uma maneira fácil de fazer isso é por meio do compartilhamento de informações não solicitadas. Quando alguém lhe perguntar sobre seu fim de semana, não diga o padrão "Bom, como foi o seu?" resposta - forneça de três a quatro detalhes distintos ao responder perguntas fáceis e, assim, crie o hábito de dar mais detalhes, fazendo com que a conversa flua melhor em todos os aspectos. Aqui está um exemplo de compartilhamento zero, troca limitada de informações e ocorrência de julgamento e estereótipos.

De onde você é?
Sua mente vai automaticamente para quaisquer que sejam seus estereótipos sobre Oklahoma ao encontrar alguém desse estado. Sem saber mais nada sobre eles, ou sobre sua experiência lá, tudo o que resta para fazer um julgamento sobre esse indivíduo é uma característica que o define: sua origem em Oklahoma.

Aqui está um exemplo de por que fornecer informações não solicitadas pode ser vantajoso.

De onde você é?
Embora eu tenha nascido em Oklahoma, meus pais são franceses, então passei grande parte da minha infância visitando a França com frequência. Além disso, possuo oito cachorros!

Agora tente colocar essa pessoa em uma caixa. Pode ainda ser a mesma pessoa, mas devido a tanta informação disponível sobre ela pode tornar-se quase impossível. Ao saber mais sobre eles, eles se tornaram mais relacionáveis e interessantes. E você pode até ficar curioso ao se perguntar por que oito cachorros?

Compartilhar informações não solicitadas torna muito mais simples para outras pessoas se conectarem com você. Quando você fornece detalhes de sua vida, eles podem facilmente encontrar pontos em comum e formar relacionamentos. Ao compartilhar detalhes íntimos ou pessoais sobre você com outras pessoas, você também começa a construir confiança e, ao mesmo tempo, mostra vulnerabilidade.
À medida que mais conteúdo se torna disponível, surgem mais oportunidades para as pessoas encontrarem conexões e formarem relacionamentos significativos.

Arthur Aron descobriu em 1997 que compartilhar ia além de simplesmente diminuir as opiniões críticas dos outros; também criou proximidade emocional e investimento entre os envolvidos. Na verdade, acreditava-se que compartilhar detalhes mais íntimos ou aprofundados era mais bem recebido.

Ele dividiu os participantes em dois grupos. Um grupo fez 36 perguntas pessoais e íntimas, como "Qual é a sua memória mais horrível?" e "Qual é a sua memória mais preciosa?" descobrir vulnerabilidades e inseguranças; em contraste, o segundo grupo foi instruído a apenas se envolver em conversas superficiais sobre assuntos cotidianos.

As pessoas geralmente não gostam de correr riscos, mas os participantes deste estudo estavam dispostos a seguir as instruções e fazer exatamente isso. A maioria de nós tem medo de ofender os outros ou de mostrar muito de nós mesmos, o que pode ser assustador. No entanto, aqueles encarregados de fazer perguntas pessoais sensíveis ou intrusivas desenvolveram maiores níveis de confiança, relacionamento e conforto mútuo entre si; mesmo que não se conhecessem antes desta pesquisa; aqui estão alguns exemplos de perguntas feitas:

1. Você quer ser famoso e por que motivo?

Os verdadeiros valores de um indivíduo ou aquilo em que ele se considera habilidoso podem nos dar uma ideia de seus desejos e fantasias mais profundos.

2. Se você pudesse viver até os noventa anos e salvar a mente ou o corpo de uma pessoa comum de trinta anos, o que seria necessário para você fazer essa escolha?

À medida que você aprende mais sobre cada indivíduo, você compreenderá seus valores – tanto físicos quanto mentais. Além disso, isso fornece informações sobre se eles são honestos ou desonestos.

3. O que você mudaria na forma como foi criado?

Obter informações sobre o passado e a história de uma pessoa. Descubra seus arrependimentos e se sua infância foi feliz. Descobrir alguns segredos profundamente pessoais pode ser fascinante!

4. Que qualidade você gostaria de ter ao acordar amanhã?
Ao fazer essa pergunta a alguém, você pode ter uma ideia de suas aspirações e valores na vida. Eles podem responder com a qualidade ou atributo mais importante para eles ou com um aspecto que sentem que falta em si mesmos.

5. Você queria fazer alguma coisa, mas não teve tempo? Por que você ainda não tomou medidas para fazer isso?

Todas as pessoas têm sonhos e arrependimentos; ao fazer essa pergunta a alguém, você pode descobrir o arrependimento dela e também o arrependimento dela por não ter alcançado esses objetivos mais cedo ou mais tarde. Ao ser proativo ao fazer isso sozinho, fazer essa pergunta torna a pessoa a quem você pergunta mais simpática, porque você a está incentivando a viver seu sonho, em vez de esperar até mais tarde para fazer isso sozinho.

O outro grupo, no entanto, não conseguiu estabelecer tais níveis de confiança, segurança e intimidade – permaneceram essencialmente nos seus níveis iniciais de proximidade emocional. Aron demonstrou que quando você compartilha informações com outras pessoas, elas gostam mais de você e se sentem mais próximas. Compartilhar conhecimento não representa um pequeno passo em direção à construção de relacionamentos mais fortes, mas uma oportunidade incrível de passar de meros estranhos para pessoas próximas. Conversa fiada é muito mais do que mera conversa fiada; representa um enorme passo para o desenvolvimento de amizades significativas.

De acordo com um estudo de Theodore Newcomb, as pessoas tendem a gostar daqueles que são semelhantes a elas - um efeito conhecido como atração por similaridade. Newcomb mediu as opiniões de seus entrevistados sobre temas como sexualidade e política antes de colocá-los juntos para fins de moradia em uma casa; aqueles que compartilhavam pontos de vista semelhantes geralmente acabavam mais amigáveis no final do experimento do que aqueles com perspectivas divergentes.

Além disso, pesquisadores da Universidade da Virgínia e da Universidade de Washington, em St Louis, descobriram que os recrutas da Força Aérea tendiam a se dar melhor com os recrutas da Força Aérea que compartilhavam mais traços de personalidade negativos do que positivos. Não precisa ser exatamente assim – você não precisa necessariamente concordar – mas ao compartilhar mais sobre você, você poderá descobrir semelhanças que ajudarão outras pessoas como você mais rapidamente.
Mesmo que você não encontre nada em comum com alguém, seu comportamento honesto, direto e confiante ainda será apreciado pelos outros. As pessoas adoram criticar certos personagens ou celebridades – talvez você conheça alguns? Isso não os torna menos simpáticos!

Pessoas genuínas geralmente são mais simpáticas e atraentes – mesmo que você discorde do ponto de vista delas!

Considere o que veio primeiro à sua mente ao conhecer alguém novo em um evento ou festa de networking: a busca por semelhanças. Estes podem incluir; De onde você é? Quem você conhece aqui?Foi um bom fim de semana para você?Qual escola você frequentou?Essa pessoa voltará para casa quando as férias terminarem? Embora estas possam ter sido algumas perguntas comuns feitas neste tipo de reuniões; certamente havia outros.

Quais são seus planos (WGAPs)
Embora essas perguntas possam parecer perguntas comuns de conversa fiada, muitas vezes as fazemos sem saber, não porque ajudem a quebrar o gelo, mas como você provavelmente já percebeu, elas tendem a deixar as pessoas imediatamente entediadas e podem levar a silêncios desconfortáveis entre as perguntas.

Como humanos, tendemos a fazer essas perguntas sem pensar. Nosso subconsciente quer que encontremos pontos em comum; aquele "eu também!" momento que desperta um diálogo mais profundo. Então, quando perguntamos "Onde você estudou?", por exemplo, nosso objetivo é que eles frequentem nossa universidade ou uma universidade com amigos em comum que possa nos levar a um diálogo mais profundo e a uma discussão mais profunda. Ao perguntar "Onde você estudou?", por exemplo, nossa esperança seria que eles frequentassem uma instituição com a qual compartilhamos laços de amizade ou frequentássemos. Ao perguntar "Oh! Que mundo pequeno... Você conhece James Taylor, que também esteve lá na sua época?" Muitas vezes, a pergunta de acompanhamento é algo como: "Oh! Que mundo pequeno. Você conhece James Taylor, que também frequentou a universidade na sua época?"

Embora você possa não perceber, você está constantemente em busca de semelhanças que estabeleçam amizade e criem conforto entre os indivíduos. Compartilhar esse sentimento pode aumentar instantaneamente o relacionamento.

Embora gostemos de pensar que temos a mente aberta e podemos nos dar bem com pessoas de diversas origens e origens, a realidade é que tendemos a formar laços mais profundos com aqueles que consideramos semelhantes - na verdade, nós os procuramos!

É por isso que existem bairros como Little Italy, Chinatown e Koreatown.

Mas não me refiro apenas em termos de raça, cor da pele, religião ou orientação sexual - refiro-me a pessoas que partilham os nossos valores, visão do mundo e ponto de vista sobre as coisas tanto como nós - o termo pássaros da mesma pena tende a se aplicar aqui - esse comportamento decorre de como nossa espécie evoluiu: ao caminhar na tundra ou nas florestas, provavelmente haveria animais tentando matá-lo e você evitaria instintivamente indivíduos desconhecidos ou estranhos e coisas que pareciam estranhas, pois você provavelmente enfrentaria perigo dessas ameaças!

As semelhanças nos ajudam a formar conexões mais fortes com as pessoas porque elas parecem nos compreender mais intimamente do que outros indivíduos. Compartilhar até mesmo uma semelhança significativa nos leva a vê-los como contemporâneos ou como uma extensão de nós mesmos - isso torna o processo de conexão mais simples, e você deseja permanecer próximo, pois essa pessoa entende suas experiências mais do que a maioria.

Imagine que você nasceu em uma vila rural sul-africana com 970 a 1.000 habitantes e que agora mora em Londres, onde participa de uma festa organizada por um de seus amigos - apenas oito anos mais velho e ainda assim nunca se conheceram. até agora.

Que primeiras impressões você terá em relação a essa outra pessoa e suas características? Haverá sentimentos calorosos entre vocês imediatamente, suposições feitas sobre eles e planos futuros de conexão? Você pode discutir piadas internas ou pontos de interesse que nunca surgiram antes com ninguém?

Esperançosamente, esta ilustração sublinha o significado da semelhança e a sua capacidade de formar pontes conversacionais.

À primeira vista, perguntas de conversa fiada podem parecer uma forma eficiente e eficaz de descobrir semelhanças entre indivíduos, mas pode haver métodos melhores. Uma delas seria procurar ativamente por semelhanças ou criá-las; ambos exigem esforço e iniciativa de nossa parte.

Procurar semelhanças significa fazer perguntas investigativas às pessoas e usar as suas respostas como base para demonstrar semelhanças, por mais pequenas que sejam.

Comece pequeno. Faça perguntas para saber o que as pessoas gostam, não gostam e como pensam; em seguida, pesquise dentro de si mesmo para identificar quaisquer pequenas semelhanças, como times de beisebol favoritos ou bebidas alcoólicas, que possam levar a conexões mais profundas sejam essas semelhanças com times de beisebol ou bebidas! Com o tempo você descobrirá o que motiva as pessoas e encontrará pessoas mais profundas com quem você se relacionará instantaneamente; assim como seria ótimo conhecer alguém daquela pequena cidade sul-africana ou compartilhar seu interesse por um hobby obscuro!

A construção de relacionamentos não exige mais anos ou meses, ou uma circunstância especial como um acampamento juntos; em vez disso, tudo o que é necessário é olhar para fora de si mesmo e perceber que as pessoas compartilham atitudes, experiências e emoções semelhantes – você só precisa descobri-las! Sinta-se à vontade para fazer perguntas e investigar mais profundamente do que é natural para você (fazer cinco perguntas consecutivas é estranho para você? Não deveria ser). Mesmo que possa parecer intrusivo no início - encontre-os e use-os!

O espelhamento é um método para criar semelhanças, copiando a linguagem corporal, o tom de voz, a velocidade da fala e a aparência das pessoas, a fim de produzir sentimentos de positividade (Anderson 1998). Simplesmente organize-se de modo a se parecer com os outros para experimentar sentimentos de semelhança - desde a forma como eles se posicionam até os gestos que fazem!

Espelhe suas palavras, tom de voz e maneirismos como uma tentativa de demonstrar que você compartilha valores semelhantes que podem ajudar a promover conexões íntimas. Lembre-se de que o espelhamento não consiste simplesmente em copiar outros no atacado; em vez disso, deve mostrar a eles que você se importa o suficiente para se replicar em algum nível.

Seu trabalho como espelho deve ser replicar sinais físicos, gestos, tiques e maneirismos que alguém exibe ao falar - por exemplo, se ele usa muitos gestos ao falar, você mesmo deve espelhar esse comportamento e vice-versa; da mesma forma, se a linguagem corporal envolver inclinar-se para a frente ou cruzar os braços repetidamente, isso também deve ser copiado por você.

Replique suas expressões verbais e expressividade – tom de voz, inflexão, escolha de palavras, uso de gírias/vocabulário, entonação/excitação emocional e nível de energia – para facilitar a identificação de semelhanças. Ao compartilhar detalhes pessoais, é mais provável que você os descubra rapidamente.

Afirmação 1: Você esquiou recentemente?

Afirmação dois: Você foi esquiar no mês passado com seus dois irmãos e quase quebrou o pé durante a excursão de esqui.

Qual história é mais fácil de se relacionar e encontrar pontos em comum? Naturalmente, a segunda versão, pois contém três vezes mais informações. Se você está tendo dificuldade em se conectar com outras pessoas, é provável que esteja buscando semelhanças sem compartilhar nada.

Se compartilhar até mesmo pequenos detalhes parece estranho e forçado para você, isso pode ser um indicador de que seus interlocutores não têm muito material para trabalhar ao responder a você. Quando os outros esperam uma troca ativa de idas e vindas, mas em vez disso são os que falam enquanto você fica sentado em um silêncio constrangedor e se pergunta por que ninguém parece interessado.

Como costuma acontecer, acostumar-se a se sentir desconfortável só servirá para se fortalecer e melhorar no futuro.

A antipatia mútua pode ser tão satisfatória e ainda mais agradável do que as semelhanças compartilhadas. Você já percebeu como às vezes é inevitável que as conversas positivas se tornem negativas, e as reclamações entre cada parte se tornem objeto de discussão?

Conversas focadas na negatividade podem parecer desnecessárias para sua busca por conexão; no entanto, devem ser vistos como necessários devido ao fato de a negatividade ser um sentimento tão intenso.

Considere que tipo de comentários você pode ler ao visitar um novo restaurante: você pode se deparar com comentários positivos e entusiasmados ou, mais provavelmente, comentários cheios de raiva e hostilidade que estimularão sua ação como cliente do restaurante. O ódio pode nos motivar como nada mais!

Alguns conselheiros de relacionamento chegaram ao ponto de sugerir que um sinal de relacionamentos altamente bem-sucedidos é a capacidade de não gostar de coisas e pessoas semelhantes.

A negatividade nunca deve ser vista como negativa; é simplesmente mais uma emoção e quanto mais você puder criar nas interações, maior será o seu impacto.

O que importa em última análise é voltarmos a ficar juntos. Pense em todas as amizades forjadas nos campos de treinamento do exército, onde o sofrimento era compartilhado entre todos; ou professores ou horários matinais de quem você não gosta veementemente; estes tipos de laços criaram muitos laços duradouros - seria sensato não romper esse ciclo com demasiada facilidade.

Capítulo Um - Evite interações ruins.

- Muitas pessoas lutam para ser charmosas nas conversas por não entenderem o conceito de charme; entretanto, qualquer um pode desenvolver carisma com habilidades praticadas.

- O espelhamento é uma forma eficaz de construir relacionamento. O espelhamento pode ocorrer verbalmente, não-verbalmente ou emocionalmente e é usado por muitas culturas em todo o mundo para expressar compreensão e construir relacionamento. A "regra de três" de Albrecht fornece orientação para ter conversas equilibradas nas quais você ouve corretamente - isso significa fazer uso de declarações declarativas (fatos ou opiniões declaradas como fatos), perguntas ou qualificadores ("suavizantes"). Para manter as coisas equilibradas entre cada declaração declarativa, deve haver perguntas ou suavizadores intercalados. Usar a "regra de três" de Albrecht pode ajudar a equilibrar as conversas - use perguntas ou suavizadores, se necessário, para manter o equilíbrio - não exceda mais de três declarações declarativas em quaisquer três declarações consecutivas antes de usar perguntas ou suavizadores, se necessário!

- Da mesma forma, o método Anchor Reveal Encourage (ARE) pode ajudá-lo a conversar facilmente. Primeiro identifique uma experiência compartilhada entre vocês dois; revele algo pessoal relacionado a esta âncora; em seguida, incentive ambas as partes a contribuir livremente, incentivando também a sua partilha.

- Lembre-se da sigla FORM ao discutir tópicos de conversa fiada: Família, Ocupação, Recreação (passatempos e interesses) e Motivação (objetivos).

- Evite respostas demoradas tendo em mente a regra do semáforo de 1 minuto. Depois de decorridos 30 segundos, considere esse tempo como sua luz verde para falar, com o laranja sendo aproveitado como uma oportunidade para fazer a transição e falar livremente por mais 30 segundos ou mais.

- Um minuto é considerado a duração ideal para a maioria das apresentações; além desse período de tempo pode levar a ouvintes desinteressados, e uma explicação muito longa pode fazer com que eles se desliguem completamente. Lembre-se de ser breve!

Capítulo 2. Conectando-se Abaixo da Superfície

- O encanto conversacional envolve conectar-se autenticamente com outras pessoas. Primeiro, afaste-se do pensamento egocêntrico suspendendo o julgamento e deixando de lado as discussões de acordo/desacordo. Esteja atento durante cada sessão de diálogo enquanto ouve ativamente - não importa qual seja o assunto! - e evite a necessidade de conectar tudo o que eles dizem diretamente a você mesmo!

- Prossiga gradualmente através de todos os três estágios do relacionamento, fazendo divulgações apropriadas que sinalizem confiança e vontade de se conectar. A divulgação superficial pode incluir o compartilhamento de uma história embaraçosa. A divulgação média envolve discutir crenças e emoções mais profundas. E a divulgação pesada envolve o compartilhamento de vulnerabilidades pessoais. Não permaneça completamente aberto; selecione quem você revela seus segredos também.

- Utilize histórias de conexão para compartilhar quem você é com outras pessoas; em vez de transmitir fatos secos, compartilhe anedotas que realmente transmitam quem você é como pessoa.

- Ser carismático significa mostrar que você está prestando atenção rotulando a experiência ou emoções de outra pessoa, usando frases como "parece" e "parece" para parafrasear e mostrar sua compreensão empática.

- Finalmente, não seja chato! As características chatas incluem aquelas que diminuem a diversão. Nas conversas, seja informal e relaxado, sem se esforçar muito para parecer inteligente ou parecer inteligente.

Capítulo 3. Cuidado com o que você diz...

- Sua voz é um comunicador não-verbal eficaz. Esteja ciente de seu tom, volume, articulação e ritmo para garantir que alcance o efeito desejado. Pratique para garantir que você está obtendo os efeitos desejados.

- O neurocientista Antonio Damásio descobriu que as pessoas tomam decisões com base na emoção e não na lógica – isso pode explicar o seu comportamento.

- Ao procurar formar conexões significativas com outras pessoas, o que importa é saber com quem conversar.

- Crie conversas que pareçam ricas, completas e "completas". Simplesmente comece a contar uma história sem concluí-la para poder retornar mais tarde se o diálogo parar.

- Uma linguagem nova, nova e vívida proporcionará um envolvimento ao falar mais envolvente. Use metáforas para explicar tópicos complexos em termos relacionáveis; conectar-se emocionalmente usando linguagem convincente ou imagens vívidas; deixe seu entusiasmo transparecer!

- Esteja ciente de que as conversas devem se concentrar em conectar e ouvir, em vez de competir ou atuar. Usar o "sim e" da comédia improvisada como diretriz manterá as coisas abertas e dinâmicas. Abandone noções preconcebidas sobre o objetivo da sua conversa e simplesmente siga o que surgir - como resultado, sua conversa parecerá mais natural, alegre e conectada!

Capítulo 4. Comunicação sem palavras (... e o que não dizer)

- O que você não diz também pode ser igualmente crucial. Ao falar, certifique-se de incluir pausas nos momentos apropriados para transmitir confiança ou ênfase e permitir que o público tenha tempo suficiente para processar o que você disse.

- Use o princípio de Pareto, também conhecido como regra 80-20, e concentre-se em fazer com que sua conversa seja 80% sobre os outros e 20% sobre você mesmo. Ouça, faça perguntas e preste atenção, em vez de forçar determinados tópicos a outra pessoa ou interromper.

- Esteja atento às microexpressões (movimentos faciais minúsculos e rápidos), especialmente se elas parecerem discordantes com o que alguém está dizendo. As microexpressões revelam seus verdadeiros sentimentos.

- Observar seus sentimentos lhe dará uma maior compreensão de sua condição.

- Preste atenção e garanta que as respostas sejam rápidas; as pessoas tendem a responder mais prontamente quando as coisas permanecem discretas e responsivas.

- No entanto, pode ser melhor encerrar uma conversa que parece estagnada, em vez de entrar em pânico quando as coisas parecem ter acalmado.

- Se você estiver caminhando para um conflito, dê um passo atrás e avalie se os comentários de alguém refletem dissonância cognitiva; se assim for, afaste-se e tente estabelecer relacionamento novamente em vez de pressionar ainda mais - pressionar apenas irá convidar a mais resistência! Tenha cuidado ao manter opiniões incompatíveis ou irracionais!

Capítulo 5. Aumente sua Inteligência Conversacional (CQ)

- Tornar-se charmoso requer cultivar a consciência social e a inteligência conversacional. Conseguir isso requer empatia e capacidade de sair de sua bolha de realidade para reconhecer quaisquer pontos cegos que você possa ter ao conversar.

- Nunca presuma que outras pessoas pensam, sentem ou acreditam como você ou que a experiência de conversas delas corresponde à sua. Ouça com atenção quando os outros compartilham com você e tenha a mente aberta; em vez de fazer suposições e suposições.

- Ao contrário do conselho convencional sobre conversa fiada, você pode construir um relacionamento com estranhos aprofundando-se deliberadamente com eles - e essas conversas podem ser menos estranhas do que o esperado. Apenas certifique-se de não reclamar ou forçar as pessoas a responder de maneiras específicas.

- Use princípios de leitura fria para demonstrar que você está ouvindo e compreendendo suas necessidades, convidando a participação, fazendo declarações generalizadas de alta probabilidade com baixa probabilidade de crença errada, minimizando suposições incorretas, coletando observações e reunindo mais evidências que mostrem às pessoas que você realmente se importa.

- As pessoas tendem a mascarar seu desejo de que as conversas terminem permanecendo passivo-agressivas; a maioria prefere que as conversas terminem mais cedo. Esteja seguro desligando-se graciosamente, esperando por uma oportunidade apropriada, iniciando uma discussão positiva, oferecendo uma desculpa e saindo com carinho, mas também com desconforto.

CAPÍTULO 6. Uma análise temática abrangente

- Neste ponto, a escuta ativa torna-se fundamental. Essa técnica envolve conversar enquanto você está recebendo; muitos podem acreditar erroneamente que receber é equivalente a ficar sentado em silêncio; fornecemos nove tipos de respostas para a escuta ativa ao tentar criar relacionamentos profundos: compreender, reter, responder, reafirmar, refletir, resumir, rotular emoções, sondar com perguntas importantes e silenciar são apenas algumas maneiras pelas quais a escuta ativa pode ajudar a aprofundar relacionamentos.

- Compartilhar demais pode parecer uma decisão arriscada, mas pesquisas demonstram o contrário: abrir-se para os outros faz com que eles gostem mais de nós e confiem mais em nós. Ao compartilhar detalhes sobre você e fornecer detalhes específicos sobre experiências de vida, você se diferenciará dos estereótipos e, ao mesmo tempo, fará com que a vida pareça mais fascinante e atraente para os outros.

O FIM